为青春期赋能

写给男孩女孩的心理自助指南

张丽珊 ◎ 著

中国妇女出版社

图书在版编目（CIP）数据

为青春期赋能 ：写给男孩女孩的心理自助指南 / 张丽珊著. -- 北京 ：中国妇女出版社，2020.10(2022.6重印)
ISBN 978-7-5127-1887-6

Ⅰ.①为… Ⅱ.①张… Ⅲ.①高中生－心理健康－健康教育 Ⅳ.①G444

中国版本图书馆CIP数据核字（2020）第148246号

为青春期赋能——写给男孩女孩的心理自助指南

作　　者：张丽珊　著
策划编辑：肖玲玲
责任编辑：陈经慧
封面设计：尚世视觉
责任印制：王卫东
出版发行：中国妇女出版社
地　　址：北京市东城区史家胡同甲24号　　邮政编码：100010
电　　话：（010）65133160（发行部）　　65133161（邮购）
网　　址：www.womenbooks.cn
法律顾问：北京市道可特律师事务所
经　　销：各地新华书店
印　　刷：三河市祥达印刷包装有限公司
开　　本：165×235　1/16
印　　张：16
字　　数：220千字
版　　次：2020年10月第1版
印　　次：2022年6月第2次
书　　号：ISBN 978-7-5127-1887-6
定　　价：49.80元

推荐序

欣闻丽珊出版《为青春期赋能——写给男孩女孩的心理自助指南》一书，我再次主动请缨继续向读者介绍丽珊心理疗法。2014年1月，丽珊出版“丽珊她话题”丛书时，我有幸向读者介绍了丽珊心理疗法。

丽珊运用其独特的心理疗法帮助了无数来访者，这基于她扎实和广博的知识、探索人性的热情和丰富的人生阅历。历史专业出身的她，更愿意用历史的眼光洞察人的发展与环境的关系，把握社会发展规律对人的影响。丽珊有着深厚的中华文化底蕴，她担任企业顾问，对经济学理论创新和社会经济发展走势保持高度的敏感；她认同2017年获得诺贝尔经济学奖的理查德·泰勒（Richard Thaler）的助推理论，并将此理论应用到心理辅导过程之中。熟悉心理学的读者在阅读中不难发现，丽珊博采东西方心理学各流派之长，将两者有机地融合在一起，形成独具风格的丽珊心理疗法。我感觉该疗法与其他心理咨询流派的不同之处有三个方面：一是中华传统思想对每一个华人的心理价值取向构成深刻而深远的影响，尊崇这些思想会使自己的人生顺畅。二是父母都发自内心地爱孩子，孩子也是爱父母的。双方成长的年代不同，价值观和行为方式不同是正常的。如果两代人本着“求大同，存小异”的态度，双方达成爱的互动，就会拥有幸福人生。三是全面剖析人与其原生家庭的辩证互动。原生家庭是由父母照料，孩子出生并成长的家庭，对一个人的影响包括个性、人格、人际互动、情绪管理、恋爱、婚姻状况、事业发展的轨迹和可持续性等各方面。抱怨原生家庭只能延续被动、不幸福的人生，只有接纳原生家庭才能活出自己独立的、正向的、积极的人生。

丽珊自1991年就立足于天津市耀华中学，对学生进行了近三十年的成长跟踪，她真实地感受到中学时代的人生体验对人一生的深远影响。丽珊扎根学校的同时，也在电台、电视台、报纸、期刊、网络等媒体开设心理学专栏，为企业、社会团体做心理顾问及心理咨询，这也使她对不同社会阶层的人的心理有较全面的了解，对成年人所面临的来自生活、人际、事业、金钱、健康、心理等方面的压力有直观的认识，继而再将这些社会经验化作人生智慧传授给在校的学生，为他们指明人生道路。在咨询中，从横向看，丽珊能比较精准地把握来访者的思维方式、行为习惯、给周围人的感受，以及他在人群中所处的位置；从纵向看，透过来访者此时此刻的行为，她能够洞察他过往的经历，同时对他的未来也有了某些预见。因此，丽珊给予学生或者来访者的指导具有难得的通透性、系统性和前瞻性。

我珍惜每次与丽珊交流的机会，并愿意将她的理念传播开来，让更多的人从中受益！

Angel

In Los Angeles，USA

Feb 13，2020

前 言

《为青春期赋能——写给男孩女孩的心理自助指南》依据青少年心理发展规律，帮助学生建构幸福成长的路径模型，尤为重要的是职业生涯规划内容帮助学生将学习的意义具象化，提升持续发展的动力。《青春期不迷茫——写给男孩女孩的心灵成长书（升级版）》是我与中国妇女出版社合作出版的另一本书，该书主要是倾听学生在成长中遇到的具体问题，并给出符合校园生态环境的可操作的解决方案。这两本书相互补充，帮助中学生披荆斩棘，成为他们幸福成长的助推器。

这本书的内容归纳起来有三个方面：一是提供了青春期心理自我认知和自我成长的具体方案；二是丰富了应对大考的高效学习方法；三是增加了社会事件，开阔学生职业生涯规划的视野。

自1995年我在《家庭报》上开设“丽珊青春信箱”以来，25年间，我在不同纸媒的专栏署名就一直沿用“守望大众心理健康的丽珊”。这个署名是一种担当，我不敢保证给每一位求助者的答复是最完美的，但我可以保证是在科学的基础上进行分析的，而且是用心回答的。这个署名也是一种自我激励，它让我始终保持一颗赤子之心，热爱生活、热爱新知、热爱周围每一个有缘相识的人，让我活出应有的幸福人生。1998年，我在耀华中学创办心理健康使者团，社团的愿景是：“首先做一个心理健康的人，然后去助人，让更多的人体会生活的美好和阳光的灿烂。”22年来，我做到了！

高中时代是承前启后的重要阶段，由被标签化走向自我认知，由他律走向自律，由依赖走向独立，由成长走向成熟。这个过程如果有意识地培养自知力、成长力、学习力、选择力、自控力和沟通力，不仅能够拥有快乐的中学时代，也为卓越的职业生涯奠定坚实的基础。

所谓自知力，是指一个人的自我觉察能力。通过解读自己的人格类型、兴趣爱好、人生目标、优势和劣势等方面，确定自己到底是怎样的一个人。自知力强的人善于观察周围的人，给自己在人群中一个准确定位，并制订符合实际情况的人生目标。

所谓成长力，是指一个人持续成长的动机和能量。具有成长力的人不会沉溺于过去，而是把握现在，展望未来。他们既不会因为过去的成绩而沾沾自喜，也不会因为过去的失败而妄自菲薄。成长力强的人始终保持热忱，明确前进方向，勇于行动，善于行动。

所谓学习力，包括学习动力、学习毅力和学习能力三要素。学习力是把知识资源转化为知识资本的能力。学习力强的人具有优质的学习品质，能快速地进入学习状态。

所谓选择力，是对外部环境保持高度敏感，善于收集最新资讯，整合资源，明确方向。选择力强的人会在充分自知的基础上，秉承顺势而为的原则，在纷杂的选项中遴选出能够将自己的资源和优势最大化的方案。选择力强的人会减少内耗，直奔目标。

所谓自控力，既包括对人生目标的控制，拒绝人云亦云的盲目，抵御各种诱惑和纷扰；又包括及时觉察自己的负性情绪，采取有效措施加以控制，自觉提升情绪管理水平；还包括善于观察，与拥有正能量的人成为朋友，有效控制负能量人士对自己的影响程度。自控力强的人成功的概率比较高。

所谓沟通力，是指能够将自己的诉求、愿望和情绪准确地表达给对方，并且得到相应反馈的能力。沟通力强的人可以化干戈为玉帛，与不同类型的人都能达成友好互动。沟通力强为和谐的人际关系奠定基础。

本书从不同维度给青春期孩子讲述提升六种能力的方案。丽珊老师祝福每个孩子都能拥有幸福的人生。幸福是一种感觉，也是一种能力，更是一种智慧！

守望大众心理健康的丽珊

2020年3月3日于家中

为了保护同学们的隐私，书中所有名字皆为化名。

张丽珊联系方式：
私人微信：zhanglishanxinli
“丽珊幸福心理”微信公众号：tjzhanglishan
喜马拉雅音频专栏：张丽珊幸福心理
张丽珊：幸福妈妈情商课
心理热线： 13662045051 022-23396165
丽珊好妈妈课堂微信群：tjxinhanglu

目 录

contents

第一章

抓住机会，在新环境中重塑更好的自己

新环境中风险与机遇是并存的。新环境给我们重塑自我提供了绝好的机会，但如果对新环境缺乏足够的认识，则会被许多不确定的因素困扰，不但影响学习成绩，还会产生连带性问题，甚至改变求学之路。心航路教育心理机构科研部统计显示，有过新环境适应不良经历的占全部咨询量的54%。反映出来的心理问题分别为：因学习成绩落后而辍学占37.2%；人际关系紧张造成社交困难占41.8%；自信心受挫、生活态度消极占13.5%；用深度恋爱（发生性行为）弥补内心的空虚占5.3%；心理障碍或疾患占2.2%。统计还显示，中途转学所面临的适应性挑战远远高于初始年级。

新环境，机遇与风险并存

天津市耀华中学自1994年在高一年级开设心理健康课，二十多年来，我有幸无间断地担任这门课程的任课教师。为了方便学生，我每节课都留下十分钟与有需要的学生“私聊”，这个时间被学生们称为“温暖十分钟”。他们会将最需要及时解决的一些困扰讲给我听。开学之初的一个月，他们讲给我最多的就是无法适应新环境，归纳起来如下：

他们发现高中的同学除了有良好的学习成绩之外，还有很多业余爱好、旅游经历、人生阅历，并且对很多社会热点问题持有独到的个人观点。看着同学们交流，觉得自己根本接不上话。

他们难以融入新环境的同时又惊恐地发现，和初中的朋友再也不像之前那样亲密无间，心与心之间仿佛隔了些什么。

曾经老师眼中的优秀学生，现在却沦为“空气”，老师好像根本没有注意过自己。

他们第一次体会到上课听不懂老师所讲的内容。

他们不知道这是不是就是生命的转折点，难道以后自己就这样生活了吗？有的学生甚至由此出现睡眠障碍。

……

心理学家皮亚杰认为，智慧的本质从生物学来说是一种适应。它既可以是一种过程，也可以是一种状态。人是在不断变化中与环境达成平衡的。在适应的过程中有积极的适应，也有消极的适应。积极的适应是为了“征服”，而消极的适应则是“同化”。

每个人进入新环境都会或多或少地出现不适应反应，但因为每个人的个性不同、所处环境不同、心理的调适能力不同，由此产生的情绪反应程度也不一样。那么，新环境适应是不是有规律可循呢？

我在大量实证性研究的基础上，于2003年创立了“丽珊—新环境适应U形图”，方便大家更加直观地看清进入新环境后人内心感受的变化。如下图所示：我以满意程度为纵坐标，时间为横坐标，由此我们可以看到在不同阶段人们对新环境满意度的状态及其走势。

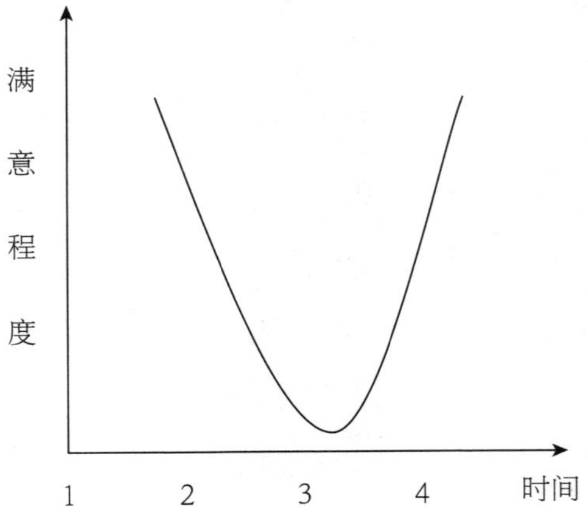

丽珊—新环境适应U形图

第一阶段：高满意状态

进入新环境，过去的不愉快就会“灰飞烟灭”。与其说是对新环境满意，不如说是为将原来不太理想的自我形象进行“格式化”，并获得按照自己的意愿重新塑造公众形象的机会而满意。

新的学校环境、新的班集体、新的老师、新的授课方法、新的同学……这些都足够让你有些兴奋，觉得呼吸都变得顺畅了，感到天是那么蓝，阳光是那么灿烂……

如果你中考成绩特别优异，进入了理想的高中，那么你会觉得这所学校哪儿都好，所有一切都是你想要的。如果你中考成绩不理想，不得不进入差一点的学校，你会迁怒于高中学校，觉得这所学校哪儿都不如初中母校。但如果你在初中学校一切都那么美好，那怎么没有被留下？在全新环境里，你成了“鸡头”，有机会成就你的“学霸梦”“领袖梦”，找到自己的价值感。

无论如何，入学的前两周（或许更短一些），对新环境的满意度是较高的。

第二阶段：危机初现

满意度下降，因为旧环境造就了你的思维方式和行为模式，有些势必与新环境的要求不相符合，你的行为与新环境的要求不合拍，对新环境的不适应初现：

1. 学习上

成绩在现实与理想之间出现较大的差距，原来一直能够给你带来好成绩的学习方法现在不灵了。开学已经两周了，许多学科的第一章基本讲完，测验在所难免，考试成绩让你有点儿蒙……

2. 师生间

新老师的授课方法和考查方式与原来的老师可能完全不同……你无法一下子适应过来。与班主任之间的关系可能因为误犯错误，或偶犯错误而出现了小小的不和睦。进入差一点学校的学生会全盘肯定初中老师，否定高中老师。

3. 同学间

刚开学时，同学们会凑在一起分享原来学校的趣事，但随着学业的加重，同学间不可避免地要展开成绩的较量，出现疏离和矛盾在所难免。

4. 亲子间

父母对孩子总是有不切实际的期待，进入新环境，如果不能将自己所面临的困难告诉父母，父母不但不能成为支持者，反而会成为新的压力来源。

5. 个人形象

新环境有许多不同于旧环境的规章制度和行为规范，由于误犯错误对自己形象的确立产生了不良的影响。

第三阶段：进入谷底

期中考试（形成性检测）将所有的矛盾公开化，有些学生甚至认为自己未来的三年可能会在暗淡和混乱中度过。开学以来，你可能一直用“没有考试”来搪塞父母的关心，对自己的学习状态避而不谈，但期中考试成绩表会使一切呈现在父母面前。你在心里默默地说道：“让暴风雨来得更猛烈些吧！”

你可以在父母、同学面前表现出对成绩漠不关心，甚至装作有些玩世不恭……但当夜深人静，你独自面对自己的内心时，会对自己的学习能力产生怀疑，这种怀疑慢慢由学习泛化到其他方面，并可能产生焦虑和自卑情绪。

第四阶段：逐步走向适应

无论怎样，进入第四阶段你都开始适应了。当然，可能是积极的适应，按照自己的理想塑造被老师欣赏、同学认同的自我形象；也可能是消极的适应，因为自己的一些失误而形成并不理想的公众形象，甚至改写了人生的轨迹。

许多学生曾向我发出感慨，如果一切都能从头再来就好了。好，现在就借鉴其他同学的成长经历，让我们赢在起点吧！

新环境，先认识后适应

“到什么山上唱什么歌”，进入新环境，在摸清情况之前千万不要急于过度地自我表现。认识新环境都包括哪些内容呢？

一、认识学校环境

学校环境包括学校的硬环境和软环境。

1. 学校硬环境

学校硬环境包括校舍、学科组、年级组、实验室、音乐教室、体育馆等。消除对新环境的陌生感和恐惧感，缓解紧张情绪，心理上就会产生初步的安全感：“我属于这个环境！”

案例分享

史一钢是我心理健康课的忠实粉丝，他会认真记录下我给大家的所有建议。史一钢大一暑假回到耀华中学看望我时，他已经成为东北某知名大学的学生会副主席了。他激动地说：“丽珊老师，您是这个奇迹的创造者。”

心理健康课上我告诉同学们认识新环境的重要性，嘱咐他们考上大学之后，报到前要充分了解大学的硬环境，使自己先人一步。史一钢不仅记得我的嘱咐，而且还认真筹划，提前五天到了学校。大学有四个校区，他首先用三天的时间将四个校区认真地转了转，还画出路线图，做到心中有数。然后就到校学生会报到，成为迎接新生的志愿者。因为他对学校硬环境的充分了解，给同学的帮助有的放矢，得到了同学们的一致好评。

当所有渴望加入学生会的新生接受面试时，史一钢已经成为面试官了；当同学们还当干事时，他已经当上了学生会副主席。

“丽珊老师，您的建议太妙了，我提前五天到大学，人生已经比别人多跨出去好几步。”

2. 学校软环境

软环境包括学校的各项规章制度、行为准则，如课堂纪律、检查评比标准、着装要求、作息时间等。对软环境进行了解后既可以有严格要求自己的方向，又能避免误犯错误。

案例分享

很多年前，我担任高一班主任时，小雅给我留下了深刻的印象。小雅上课总是精神饱满，腰板挺得直直的，目光追随着老师……只是她不太善于在同学面前表现出积极性。在她羞涩外表的背后，我看到她对自己在新集体中的形象充满了期待。如果没有那次“违纪”，她可能会是一位很出色的学生干部。

年级领导要求高一新生进礼堂集会时带笔记本，将会议精神记录下来。那次集会全场纪律很好，德育老师不断地巡视……最后，德育老师对集会进行总结之后，说：“刚才我点名的有三位同学请站起来留下，其他同学随班依次退场！”出乎我的意料，小雅站了起来，她的头低得很深，全年级学生的目光都聚焦在她身上，好像在说：“女生也违纪？”

原来，小雅坐在通道边上，趁着记录会议精神的间隙，在笔记本上画卡通画（违纪总是相对的，如果全场混乱，不扰乱秩序、安静画画的行为肯定不算违纪）被德育老师抓住了。我生怕这件事对她的形象产生不良影响，特意和她手拉手走进教室，向学生们表明我对她的“违纪”并不在意……

从那之后，小雅上课不再坐得那么直了，人也更沉默了。尽管她的成绩始终在班里名列前茅，但在评“三好生”时她没有被提名。我很心疼她，私下与学生进行交流，追问他们为什么不投小雅的票。他们很自然地说：“她违过纪，给咱班抹黑了呀。”就这么一件小事却给小雅带来了巨大的负面影响。

进入新环境，犯无心之错是最令人沮丧的。多年来，我观察发现，凡是学校老师宣讲规章制度的时候，学生往往会表现得漫不经心，觉得老师不过是老生常谈。殊不知，这种对规章制度不在意的态度为以后犯无心之错埋下了隐患。所以，进入新环境，要对规章制度保持高度的敏感和关注。

二、定位准确，认识任课老师

师生关系的好坏不仅影响学生的心理，而且对学生的学习成绩也会产生直接的影响。在心理咨询过程中，有严重厌学倾向的学生都有过与老师不能和谐相处的经历。

在新环境中，应上好每个学科的第一节课，充分了解老师的各种信息。

1. 老师的基本信息

比如，老师的姓氏、年龄范围、婚姻状况、性格特点等。老师自我介绍的所有信息都要认真地听。记住！以后再见到老师，就要大声地、指向明确地与老师打招呼："张老师好！""王老师好！"如果有可能，向老师做一下自我介绍，方便老师尽快认识自己是不错的选择。

2. 老师的教学要求

第一节课老师会将自己的教学要求明确地告诉学生，好记性不如烂笔头，把老师的要求记在笔记本上，严格按照老师的要求做事，避免误犯错误。

3. 老师的个人风格

每个老师都具有独特的教学风格，学生要尊重老师的风格，并顺应老师的风格，为建立良好的师生关系奠定基础。

三、发现每位同学的闪光点

记住同学的名字、爱好特长，还要注意其忌讳，避免无意中伤害他人。

为了方便自我定位，最好在入学之初就对生源情况有全面的了解。无论你曾经多么优秀，"山外有山，人外有人"，一定要时刻提醒自己，避免在同学面前露怯。每个同学身上都有值得我们学习的地方。向同学学习不仅是自身成长的一条途径，也是同学关系和谐的润滑剂。

与同学关系好会使你产生集体归属感，他们将是你的心理支持系统，未来一旦你遇到困难，他们的关心和帮助会增强你克服困难的信心。

四、认识新的你

进入新环境，参照系发生了变化。你可能曾经辉煌过，但你没有资格自傲，因为强中自有强中手；你可能曾经不如意，你也没有必要自卑，新的环境给你重塑自我带来绝佳的契机。

1. 严格要求自己

在遵守各项规范要求的前提下，给新环境中的自己一个准确的角色定位。如果由重点学校进入普通学校，要接纳现实，不带任何成见地接受新学校，制订新的成长计划，做好“鸡头”；如果由普通学校进入重点学校，要知道学习成绩的提高不是一蹴而就的事，而是需要不懈努力，慢慢提升，要有韧性，常常调整自己的情绪，给自己积极向上的心理暗示，脚踏实地做好每一件事情，提高自己在群体中的相对位置。

严格要求自己的言行，不做违反纪律的事情，不说不利于班级团结的话。

2. 大胆而适度地表现自己

进入新环境，要大胆而适度地表现自己。在学生时代参加一些社会活动不仅能够锻炼能力，还会培养团队精神和人际协调能力。

在这里，我建议大家要大胆地表现自己，但也要注意适度。有的学生进入新环境希望“先声夺人”，建立优越感，过度地宣传自己，说自己爱好多，比如，会打篮球，会弹琴。但随着大家彼此熟悉，你才发现班里钢琴业余十级的就有好几个，而自己不过是会弹《小星星》而已；篮球上场根本就摸不到球……陷入了“高开低走”的形势中，就算没有被同学们取笑，自己内心也会产生异样的感觉。因此，把握分寸十分有必要。

案例分享

李萧萧是重点学校高一新生，小学和初中她都是学生干部，表现很好。进入高一年级，班主任在组建班委的时候要求学生们自我推荐，李萧萧觉得自己有当班干部的气质，再加上档案里有区级优秀学生干部的证书，她相信老师能慧眼识珠。但出乎意料的是，老师没有看档案，而是从自我推荐的同学中选择了班委。李萧萧也因此错失了担任班干部的机会。

我担任某一届高一年级的班主任时，入学第二天，一位女生问我学校的木工室在哪里，一位学生的书桌底掉了，她要帮着修理一下。我被她的责任感所吸引，回去翻看成长档案，发现她初中做了三年的班长，并且带领全班同学获得市级“三好班集体”。我马上决定任命她为班长。高中三年她的才能得到了充分的发挥，并光荣地加入了中国共产党，还被保送到某名牌大学。

每一位同学都应该为班级做贡献。面对问题、解决问题、积累经验，是我们成长的“三步曲”。在表现自己的时候把握好度，只要做到尊重他人，不贬低别人、抬高自己，就能够得到大家的认同。

3. 协调亲子关系

主动与同学交流、与老师沟通。同时也要将自己在学校的感受告诉父母，让他们对新环境中的你有个准确的把握，避免期待过高造成亲子间的矛盾。尤其从普通学校考入重点学校的学生，一些父母并没有意识到孩子在学习上跨上了一个大台阶，还用初中时代的名次来要求孩子，一旦看到名次不理想，就会抱怨孩子越大越不懂事。每当不被父母理解的学生和我诉苦时，我就建议他把高一的学校、班级和同学的情况比较详细地介绍给父母，以便他们在新的参照系中找到自己孩子的位置。

4. 塑造良好的自我形象

在熟人社会中，每一次新环境都是难得的机会。面对新环境，要对自己以前的行为和公众形象进行盘点，将自己希望改变的事项列出来，一项一项落实。这样做可以提高社会适应力，优化心理环境，以积极健康的状态迎接新环境。

案例分享

高一年级的刘世皓不想去上学了，强烈要求母亲将他转到艺术学校。刘世皓给出的两个理由貌似很充分：一是他根本学不懂文化课，还不如学一技之长；二是他被同学欺负。母亲非常惊讶，儿子从小就没有什么艺术特长，怎么想上艺术学校呢？儿子人高马大，怎么会有人敢欺负他呢？于是母亲把他带来找我咨询。

第一眼看到刘世皓，半张脸被掩盖在头发里面，我只能看到他一只眼睛。“世皓，你人还没到艺校，发型已然够艺术了。你们学校不管吗？”我以发型做突破口，使交流尽快进入主题。

“学校为什么要管学生的发型，我们难道没有人权吗？”刘世皓的情绪证明了我的猜测。

“你妈妈说同学中有人欺负你，怎么可能呢？你这么高大威猛。”

刘世皓告诉我，他们班高杰想做班里的老大，笼络了很多学生，单单把刘世皓甩在外面，只要他做什么不符合学校规定的事，高杰就会第一时间向班主任汇报；在宿舍，高杰让刘世皓给他擦鞋，替他打水，还不让同学和刘世皓玩儿……他觉得在学校太憋屈了，所以想转学。

“高杰还欺负其他的同学吗？”

“班里有一个小个子，他整天和同学说自己是混社会的，高杰就总是打他。”

高杰欺负的学生有明显的特征：招摇、能惹事却不能扛事的人，这种学生往往是老师和学校规章制度的挑战者，他们就算被欺负也不容易及时得到老师的保护。

“高杰这样欺负你，你可以和班主任谈一谈呀！”

“班主任对我有成见。”刘世皓的回答证明了我的猜想。

刚入学时，学校进行仪表规范化教育，刘世皓的发型不符合学校的规定，班主任几次要求他剪了，刘世皓坚决不剪。学校下了最后通牒，过了自己整改的期限学校就请理发师来，将不符合要求的学生的头发统一剪了。刘世皓不得不跑到学校门口的一个理发店理了头发，但他觉得很难看，上课时就戴着运动帽，老师让他摘下帽子，他觉得老师欺人太甚，和老师僵持着。这时高杰走过去，把刘世皓的帽子摘下来扔到地上，说道：

“你怎么这么没规矩，你在浪费我们大家的时间！”之后，全班同学都不理刘世皓了，班主任对他也有了成见。

在学校里，老实本分的学生很少被欺负，因为欺负他们不但不会提高声望，反而会落下欺凌弱小的恶名。被欺负的学生具有某些共性：低自尊，课上乱说乱动，成绩差；说话办事没规矩，令人生厌；挑战老师的权威；没有朋友……打压这类学生会让班里很多同学觉得解气，由此提高声望。刘世皓的发型就是一个标签，他就是学校规则的挑战者。欺负他自然会提振高杰在同学心目中的地位。

发型在一定程度上代表了一个学生的精神状态。同学们，照照镜子，正正衣冠，将自己打扮成规范的高中生吧!

行为习惯是我们真正的名片

我负责天津市耀华中学的心理健康工作的同时，自2000年起开始利用业余时间担任企业员工心理援助计划（Psychological assistance program for enterprise employees，简称EAP）提供商的中国区首席培训师和咨询师。我做这项工作的初衷就是要了解社会是如何选拔人才的，以便能够帮助学生们在高中阶段就树立适应未来职场的意识，培养各项能力，提高各种素养。我的寒暑假往往是在欧美企业里担任心理顾问，负责高级员工的招聘、晋升考评、团队培训和个体咨询等工作，我深切感受到名牌大学仅仅是给学生求职提供了一块敲门砖，但能否顺利入职，是否可以立足职场并获得成功，则与个人的行为习惯有着密切的关系。

在学校，我发现一些学生不太重视日常小行为，殊不知，这些行为背后暗藏着大问题。他们认知中的误区，往往会酿成小行为背后的“大问题”。

一、上课不专注听讲，说明：老师讲的知识不重要

经常有同学向我诉苦，认为老师不喜欢自己，对自己有成见。究其原因，往往是学生上课不专注，给老师传递了错误的信息。

案例分享

曹玉总是眉头紧锁，好像她是人群中最忙的人，周围的人都要为她让路。她满脸沮丧地向我抱怨，英语老师看她不顺眼，其他同学问问题，老师都会热情地回答，而单单她提问题，老师马上严肃起来，对她说："你具有很强的自学能力，课上都不屑于听讲……"

曹玉觉得老师的态度很不友善，有说这些话的时间完全可以把问题解答了。"还是请你快点儿告诉我刚才你课上怎么说的吧！"曹玉难以控制自己的情绪了。

英语老师不仅没有给她讲，而且自此没有再给她批改过作业。

"曹玉，你上英语课时全神贯注地听讲了吗？"我基本知道了问题出在哪里。

曹玉告诉我，她十分珍惜时间，自己的英语基础不错，所以每次上英语课时，她手边都会放着理科作业，老师讲"无关紧要"的东西时，她就顺手写点儿其他学科的作业。

"曹玉现象"在学生中比较常见，他们每天像上满的弦一样，让自己忙忙碌碌，老师只要讲一些拓展的东西，他们就认为没用，忙着写其他科目作业。这种行为本身就是在挑战老师——你讲的内容太无关紧要了，简直是浪费我们的宝贵时间！

既然你的行动已经表明了老师的讲解对你没有任何价值，那么课下为什么还要占用老师的休息时间为你解答问题呢？尊重老师，从专注上好每一节课开始。

二、考试作弊，说明：我不讲诚信，学校又能拿我怎么样？

作弊的危害到底有多大？作弊的潜台词是不诚信，对你的个人形象伤害会不断蔓延……

案例分享

仝老板是身家过亿的民营企业家，他找到我做心理咨询时已经患上了严重的抑郁症，深陷痛苦之中。“丽珊老师，我中学时代的确不好好学习，作过弊、说过谎……我做的这些只是为了面子。自从做生意以来，我非常讲究诚信，但为什么老同学还这么不负责地评价我呢？难道就不给别人自我完善的机会吗？”

仝老板的抑郁症源起于一个与美国合作的项目，如果这个项目合作达成，每年的利润非常可观。仝老板志在必得，为此，他扩大厂房、引进先进设备、招聘高端人才，还投入了贷出资金，只要合作达成，不仅可以轻松偿还银行的高额贷款，而且还会产生很大的经济效益。美国老板Jack对仝老板的企业非常满意，达成合作意向后Jack回国度假了。度假期间，Jack将合作的事情与朋友分享，朋友根据自己做生意的经验，提醒Jack一定要注意仝老板的人品。Jack犹如醍醐灌顶，马上雇人调查仝老板的为人。

很快，一场聚会在北京某酒店举办，席间有一位是仝老板的高中同学，宾主推杯换盏间，“无意中”谈到仝老板。

“我们班主任当年就说他长大以后一定会成为大商人。”

“为什么呢？”

“咱中国不是有个词叫‘无商不奸’吗？他上学时的作弊手段让老师防不胜防，说谎话不带眨眼的，把班主任气坏了，说他以后一定是大商人……”

一阵笑声之后，宾主继续他们快乐的晚餐。然而，一份报告第一时间传到美国……

项目终止，仝老板之前的所有投入无法收回，他原本以为是同行挖墙脚，却没想到是高中同学酒桌上一番话让他陷入破产的境地。

俗话说："人在做，天在看。"人做事的目的有很多种：有的人做事是为了给大多数人谋利益，鞠躬尽瘁，死而后已，这种人被称为高尚的人；有的人做事是为自己谋利益，信奉"人不为己，天诛地灭"，这种人被称为狭隘的人；有的人光明磊落做人，踏踏实实做事，不被名利所束缚，我们称之为君子；有的人做事偷奸耍滑，追名逐利，我们称之为小人。

透过做事的态度和目的，我们就可以看清一个人的人品优劣。

中学时代，人的价值观已经基本形成，一言一行构成了你在同学心目中的形象，未来大家各奔东西，学生时代你给同学留下的公众形象就固化了，很难更改。高中时代，一定要珍惜自己的形象，今天的你不要做让明天的自己后悔的事！

三、经常性迟到，说明：我不在乎别人的感受

现实生活中有一些人，他们很有能力，但始终与成功无缘。在与他们交流中发现，他们多是不遵守小规则，被周围人划归为不可倚重的人之列。

经常迟到不是行为问题，而是人际交往的基本态度。

案例分享

高一开学的头三天，刘冰都迟到了。班主任郑重地要求：谁要是迟

到，就要记到违纪卡片上了。第四天，刘冰又因为半路想起忘带作业回家取而迟到了。看着刘冰狼狈地走进教室，老师和全班同学都被气乐了，课下有的男生索性就叫他“迟到”。

周一的班会课上，刘冰请求班主任允许他说几句话，获准后，他走到前面，深深地给班主任鞠了一躬，又给同学们鞠了一躬，说：“我不想成为一个不守规则的人。我有一个坏习惯，爱掐时间，初中时掐得准，但高中离家远了，掐不好时间了……我下决心要改掉这个坏习惯，请老师和同学给我改正的机会，别再叫我‘迟到’，好吗？”

刘冰的声明及时止损，避免了自我形象受损。

四、过度为自己辩解，说明：我可不是好欺负的

一些同学被老师批评时总是竭力为自己辩解：“错误不在我。”每每“得逞”，他们会为自己的口才而得意扬扬。其实，在老师心目中，你个人形象的损失远远超过错误本身。你的反驳让老师接收到的信息是：“不要惹我！”“我可不好欺负！”辩解会使人与人之间产生裂痕，使人觉得和你说话不舒服。

案例分享

王书鹏的父亲多年来钟情于国际大专辩论赛，因此，从小王书鹏也和父亲一起看辩论赛。受到这个节目的影响，父亲要求王书鹏说话要吐字清楚，做事观点要明确，用必胜的信念和犀利的言辞打败对方。

王书鹏没有辜负父亲的期待，他从小就能言善辩，每天都梗着脖子，拿出与人辩论的架势。学校举办辩论比赛，王书鹏觉得一鸣惊人的机会到了，他每个课间都跑去学生会张罗，有时竟然忘了回班上课……

班主任建议他要以学业为重，他就摆出辩论的架势，说班主任就应该支持学生积极参加学校活动。几次“过招”之后，他明显占了上风，只是班主任不再管他了。

心智成熟的人善于审时度势，作为学生，为了课外活动而舍弃课堂学习和人际互动是不明智的。当自己与老师的观点不一致时，暂时以微笑替代可能引起的争执，如果有误会，事后给老师写一份书面材料，向老师解释这件事。辩论是一种竞技状态，不能将辩论的状态带入日常的人际互动之中。

五、拖拖拉拉，说明：我不值得你的信托

拖拖拉拉是一种比较普遍且危害较大的行为方式，有这样行为倾向的人普遍存在懒散、遇到困难裹足不前、做事追求完美、患得患失、拈轻怕重等特点。有的同学则是因为安排不合理，比如安排的任务过多，时间过于紧张，对自己的能力不能正确评估，制订计划不留出充分的时间。

改变拖拉的关键在于接受任务前考虑一下自己的能力和资源，比如，你答应为班级准备一次班会，你要自问以下几个问题：

- 筹备一次班会需要具有哪些能力？
- 我是否具有这些能力？
- 我以前是否有相关的可借鉴的经验？
- 能有多少同学愿意和我一起做这件事？
- 在准备班会的过程中是不是有重大的考试，我是否能兼顾？
- 我会遇到什么样的困难，是否有能力解决？
- 在整个过程中需要老师给我怎样的帮助？

当然，可能还会有许多的问题需要考虑，那么就跟老师说：“我回去认真考虑一下是否能够胜任，明天向您汇报，好吗？”这不是推托，而是对事情负责任。一旦答应老师就应该做出一个日程表并遵照执行。如果觉得自己不能胜任，就及时、如实地告诉班主任，以便班主任有时间去选择更合适的人选。

六、无礼而粗鲁的行为，说明：我的个人修养有问题

有的学生认为口带脏字是酷、个性、潇洒的表现，殊不知，一旦形成说脏话的习惯，在与老师说话时也会不经意地说出来，这会使老师认为你没有良好的家庭教育，品行恶劣，进而对你的办事能力、可信赖程度表示怀疑。

案例分享

于蔚生活在棚户区，从小她就下定决心通过学习改变命运。升入重点高中之后，于蔚生怕在同学面前露怯，她模仿着温文尔雅女生的言谈举止。一起考进这所学校的初中同学取笑她的普通话和忸怩作态……坚持了一段时间，她放弃了，又做回真实的自己。

于蔚在楼道里粗门大嗓地与同学打招呼。上课时，与班里一位搞怪男生前后呼应，模仿老师略带乡音的发音、给老师起外号、拿低俗的话逗同学……她成了班里的“奇葩”，女生躲避与她同行。她明显感觉到班主任对她的厌烦。

出生环境不会对一个人构成决定性的影响，影响个人形象的是自己平时的言行。升入重点学校的学生对未来充满了期待，渴望塑造更好的自我形象，自我改变和成长中会显得有些笨拙也是正常的，但不要放弃自我成长的机会。记住，无论在什么样的环境，无礼和粗鲁都会给自己减分。

新环境，建立稳定、正向的自我形象

一、自我同一性越高，心理越健康

有的同学中考结束后无数次设想自己在新环境中自由挥洒，但开学后却觉得，如果要做事情就不得不和那么多陌生的老师与同学沟通，太麻烦，而且人家也不一定理会自己，认为理想很丰满，现实总是太过骨感。高一第一学期期中考试之后看着周围同学一个个都特别优秀，又怅然若失，觉得自己错失了塑造良好形象的机会。

青春期最重要的课题就是“我是谁”“我在别人的眼中是怎样的人”。很多同学一会儿外向开朗，侃侃而谈，一会儿内向自闭，默不作声，一会儿踌躇满志，一会儿自怨自艾，觉得自己一无是处。为了找到“完整且准确”的答案，有的同学甚至怀疑自己心理是否健康，这是一个共性的问题，是心理自我意识的崛起。

美国著名发展心理学家和精神分析学家埃里克森（1902～1994）把自我意识的形成和发展过程划分为八个阶段，婴儿期（出生到1岁半）、儿童期（1岁半～3岁）、学龄初期（3～6岁）、学龄期（6～12岁）、青春期（12～18岁）、成年早期（18～25岁）、成年期（25～65岁）和老年期（65岁以上）。每一个阶段都面临成长的核心任务，核心问题解决之后所产生的人格特质，都包括积极与消极两方面的品质。如果各个阶段都保持向积极品质发展，就完成了该阶段的任务，逐渐实现健全的人格，否则就会产生心理危机，出现情绪障碍，形成不健全的人格。

青春期阶段最基本的心理冲突为：自我同一性对角色混乱。自我同一性即青少年同一性的人格化，是指青少年的需要、情感、能力、目标、价值观等特质整合为统一的人格框架，即具有自我一致的情感与态度，自我贯通的需要和能力，自我恒定的目标和信仰。这个时期是一个人反思自己、塑造自我的关键时期。此时的他们在成年人的影响下勾画出的理想的自我形象往往是成功、有能力、受人尊重的；而现实生活中他们承受着来自学习、人际交往、适应性等多方面的压力，理想中与现实中的自我很难统一，无法形成同一性。这种冲突如果得到积极解决就会自我认可，自我同一性完整，具有良好的自我形象；如果冲突不能得到成功解决，就会造成自我同一性混乱，出现人际挫折。

案例分享

杨家豪第一次找我咨询时已经准备第二次休学了。他告诉我，他休学不是厌学，而是太热爱学习了，只是学校讲的内容太浅显，对于他来讲就是浪费生命。

杨家豪喜欢历史，从小看了许多历史方面的书，因此总喜欢发表一些批判历史人物功过的观点，还喜欢以同龄人的“导师”自居，和同学说话就像统帅向下属发号施令，他认为同龄人如果能按照他的指引会少走很多弯路。初中时因为他成绩好，同学经常抄他作业，他说什么大家也没有明显的反驳。

杨家豪中考考入市里的重点学校，他发现比他有见识的同学太多了，他再说过去那套理论就完全镇不住同学了，大家往往冲着他说：“你最牛，你最棒！”一阵嬉笑就不再理他。毫无优越感的杨家豪从此无法安心听讲，回到家就打游戏，在游戏中体会指挥千军万马的快感。每当背英语单词时，他就抑制不住自己的狂躁：“未来我身边会配一个翻译团队，怎么还需要我自己会外语呢？”

在这种状态下，高一的期中考试他是班里倒数第一，在班里也越来越孤单。为了聚拢人气，他请大家喝饮料、吃午饭，并借机宣讲他的宏图伟业。同学们私下说他精神有毛病，买了饮料根本没人喝。后来，杨家豪懒得与这些“鼠目寸光”的人为伍，他不再去学校了。

青少年自我意识的高涨容易出现自我膨胀，随着成长感受到知识带给自己的力量，年龄小的时候遥不可及的事情，在现在的自己看来易如反掌。这种欣喜足够刺激，认为所有自己想干的事情都能干成，有点“一览众山小”的感觉也在情理之中。但他们忽略了社会对不同年龄段的人的要求是不一样的。

青春期相对于前一个学龄期的要求断崖式地升高，他们在学习上承受着无论是广度还是难度的急速放大；人际交往介于儿童和成年人的过渡阶段，标准跨度大，错综复杂，难以把握。自我膨胀在人际交往中表现出对成年人怀疑和反叛，顶撞父母，轻视老师，恶化自己的人际环境，甚至造成人际伤害。小学阶段许多同学的理想都是科学家、军事家、大企业家等，案例中的杨家豪在初中阶段的“豪言壮语”，同学误认为他心智成熟比较晚，况且他学习成绩好，可以让同学抄作业，所以包容了他。高中阶段大家都更加成熟，他的自我同一性混乱让同学们感觉怪异，不可理喻。

很多人在遭遇一系列困难和挫折之后，走向另一个极端，对自己的能力产生怀疑，陷入自我缩小的泥潭，认为自己无能、无用，无法与周围环境融合，一蹶不振，有的则选择了逃避。

新环境给青少年创造了建立一个新的自我同一性或自己在别人眼中的形象，以及他在社会集体中所占位置的机会。这种同一性是一种在过去的经历中形成的内在持续的自我形象。如果这种自我形象与其社会角色是一致的，那么无疑是健康的、幸福的、快乐的、自信的。

在我日常的心理咨询中，青少年出现心理问题多是自我同一性混乱造成的。理想中的自己太过成功和完美，而现实中却不愿意付出相应的努力，给周围人留下的印象是涣散、懒惰、低自尊、低能力。理想中的“我”和现实中的“我”没有任何交集。我的咨询思路就是帮中学生把理想目标降低一点儿，把现实对自己的要求提高一点儿，使理想和现实产生交集，交集越大说明自我同一性越高，心理越健康。

二、树立积极正向的自我形象

自我形象是指“我”在自己眼中的形象，“我”对自己的看法，即人对自己的认识、感觉、态度和评价。自我形象包括身体自我形象、情绪自我形象、能力自我形象、社群自我形象和家庭自我形象五个方面。

1. 身体自我形象

身体自我形象包括身材、容貌、体能、服饰打扮等方面。进入青春期之后，随着心理自我意识的形成，学生会将自己置于客体的位置进行审视，容貌则是自我关注的第一步，并且此时对自己的要求十分挑剔，因达不到自己的理想要求而产生自卑心理的现象很普遍。

案例分享

汤喆两年前被医院诊断为双向情感障碍，已经服用了两年的药物。他的身体消瘦得有些弱不禁风，而且肤色惨白、目光呆滞，黑眼珠上翻，几

乎看到的都是眼白……他见到我，一把拽住我的手，说：“你是心理专家，是我唯一的希望，你告诉我父母必须带我去韩国做整形手术，把鼻子削尖……”他激动得手有些颤抖，从书包里掏出了一张锥子脸、尖鼻子的日本动漫中男主人公的海报，接着对我说：“我只要整成他这样，就能想和谁搞对象，谁都愿意了。”我安抚他先坐下来，仔细端详着他。这原本是一个五官很精致的小伙子，他的父母都属于人群中非常漂亮的，他眉宇间继承了父母的优点。这几年发生了什么，把孩子折腾成现在的样子？

汤喆的原生家庭问题很多，他的成长也缺失了很多关注和爱。汤喆很小的时候，父母一心忙生意，他不是被锁在家里，就是被带到市场里，为此他跑丢过好几次，每次被找回来父母都要打他一顿。到他小学高年级，父母开了大公司，但双方彼此瞧不起，不停地吵架。汤喆没有体会过来自家庭的温暖，也不知道人与人之间应该如何交流。

初二年级，汤喆喜欢上隔壁班一个漂亮女生，但他不知道如何追求女生，就买礼物强塞给人家，然后用父亲和母亲说话的口气对女孩说道：“给你的，你们女的不都是喜欢这些的嘛。”女孩听了非常讨厌他，坚决不接受他的礼物。于是他每到课间就堵在隔壁班教室门口，对那女孩说：“我家有钱，你说你想要什么，我给你买。”女孩被他惹烦了，就冲着他喊道：“你丑八怪，大鼻子，滚！”

汤喆受刺激了，他每天回家就照镜子，越看越觉得自己的鼻子的确大，于是他就用力地捏鼻子，把鼻梁两侧都捏破了，并且出现了红血丝，久而久之，就变成了酒糟鼻……他不敢上学，觉得每个人都在笑他丑。

汤喆在家照镜子，有一次无意中发现低着头照镜子显得鼻子小，他就开始这样照镜子了，时间长了黑眼珠上翻了……他觉得自己无法出门了，从那个时候开始他就执意要到韩国做整形手术。他曾问过医生，能否按照动漫海报给他整容，医生感觉他精神不正常，一直拒绝给他做手术。就这样，他的心理疾病越来越重，父母不得不带他走上了心理治疗的道路。

青春期的孩子会很在意异性的目光。汤喆在原生家庭中没有学到人与人之间平等、真诚的交流，父母之间的谈话都是相互贬损，所以当他喜欢女生，本想表达爱慕之心，却表现出对人家的不尊重。女生用“丑”来打击他，原本是为了避免他持续骚扰，但汤喆对自我形象本来就没有自信，于是他认定就是因为自己丑，人家才拒绝他，完全没有想过是自己表达方式不妥激怒了人家。

一些学生因为不满意自己的相貌而拒绝与周围人接触、交往，慢慢地成为远离人群的孤寂的人了。我终日生活在学生之中，发现人缘儿好的绝不是长得漂亮的人，因为漂亮的人可能会自恃漂亮而以自我为中心，不考虑别人的感受，同学们是不会接受这样的人的。同学们喜欢交往的人通常会进行换位思考，会替别人着想。只要从这方面培养自己，善待他人，一定会赢得同学的认同。

我在耀华中学当老师近30年，常常发现一些学生升入大学再回校看我的时候，他们都变得那么美，其实秘密就是，进入大学后丰富的知识储备和积累下来的实力使他们越发自信，相由心生，眉宇间流露出的智慧和宽容就是最好的美容，他们用实力装扮出自己美丽的人生！

2. 情绪自我形象

情绪自我形象既包括情绪的基本倾向，比如乐观或悲观，内向或外向，积极或消沉，稳定或不稳定，又包括情绪的调控能力。我们这里只讲情绪的基本倾向，关于情绪智力相关的内容，我会在后面的章节再为大家进行系统的讲解。

你关注过自己的性格是内向还是外向吗？外向的同学多是很骄傲地大声说：“我是外向型的。”好像“外向”就会带来好运；而内向的同学则刚好相反，回答“我是内向型”时声音小小的，好像生怕霉运降临到自己头上。为什么会这样呢？一些心理类的书籍，断章取义地说外向的人心理健康，内向的人患心理疾患的概率要大得多。事实是这样吗？

案例分享

刘瑞霖是一个高一男生。他每天在学校都痛苦得想死，但他知道想死的人是懦夫，他不想当懦夫，可他又觉得无论谁身处他的位置都会想死的。

上了初中，刘瑞霖变得胆小怯懦，患上了口吃的毛病，说话前总紧张，总要想好几遍，甚至小声说上几遍才敢说出口，但还总说错，同学都爱笑话他。为了避免被同学耻笑，他总躲着同学。

刘瑞霖还经常脸红，说话时不敢直视女生的眼睛，否则就脸红。经常脸红给他带来了许多的麻烦。有一次上自习，因为班主任没在，班里有部分同学回家了，后来老师追究这件事，一个经常欺负刘瑞霖的男生说是他通知大家班主任说可以回家的，因为那天他真的去过班主任的办公室。刘瑞霖紧张得说不出来话，脸涨得通红，他觉得大家肯定会认为这件事是他干的。尽管后来班主任没有太严厉地批评他，但他还是感到班主任对自己很不满意。他现在总在想，如果有一天班里丢了什么东西，别人说是他干的，他应该怎么办？他太痛恨自己的无能了，难道只有一死才能证明自己的清白吗？

韩佳姗曾经是典型的外向型女生，她喜欢高谈阔论，对人没大没小。但男生都不太尊重她，初中阶段几位男同桌都和老师要求换座位走了。进入高中，韩佳姗希望重新塑造自己的形象。她发现班里一位文静女孩，大家在她面前说话不敢放肆，生怕哪句话说得不妥惹她不高兴，韩佳姗希望模仿她。可当她主动接近那位女生时，人家并不喜欢和她说话。韩佳姗心里很痛苦，难道外向是自己的错吗？难道爱说话的人就卑贱吗？韩佳姗变得孤僻了。班里内向、外向的同学都会找到朋友，只有她一个人没有人关注，她不知应该怎么办才好。

性格内向与外向各有短长，只要把握好度就可以扬长避短了。极端内向和极端外向肯定都不是好事。从统计学上说，性格是正态分布曲线，两极都只占很小一部分，大多数人处在内外之间的某一处，或稍偏内，或稍偏外。

【内向的心理特征】

内敛：内向者关注自己内在的修养、内在的状态，喜欢沉思、内省，做事深思熟虑。

被动：即使想与人打交道，也很少主动，喜欢等待别人与自己打招呼。在社交场合更愿意当一个听众，一个非常好的听众。

敏感：能够注意到别人言行上的一些细微变化，比较敏感并具有悲观倾向，别人说了一句话，第一反应就是：这是不是在说我呀？他是不是在针对我？我是不是做错了什么事？

【内向的应对策略】

- 学习打招呼。和遇到的邻居、同学、老师主动打招呼。
- 与外向的人交往，学习他们的处世态度和交际技巧。
- 与内向者交往，充当组织者的身份，体会成功的感觉。
- 准备一些小常识、小笑话等，在不知和别人谈什么的时候派上用场。
- 把你做事的经验和愉快的感受与大家一起分享。
- 当别人遇到困难时，及时帮助。做一个好的听众同样可以获得友情。

【外向的心理特征】

外显：外向者关注自己外在的形象，做事积极，具有很好的行动力。

主动：主动与人打交道，在社交场合更愿意充当演讲者，活跃气氛。

包容：不太在意别人的言行上负向的变化。有时习惯于自我表扬。

【外向的应对策略】

● 让语言慢于思考。每当你没有准备就要发表观点之前，先叫停，想一想再决定是不是说，或者说什么。

● 学会观察。在与人交往中，观察对方的情绪反应，适当调整自己的语言，避免误伤别人。

● 培养包容心。充分给予别人表现的机会，不要过于张扬，剥夺别人表现的机会。

3. 能力自我形象

能力自我形象不是一蹴而就的，要靠自己不断做事情，积累经验，能力自然就会提高了。进入新环境，在给自己订立目标时要留有余地，尝试新的班级管理角色一定要量力而行，不要急功近利。锻炼能力不在于事大事小，只要能够积累经验就有所收获。

案例分享

杰初中时是宣传委员，但他一直觉得自己是大材小用，他渴望在新的环境中做班长。高一开学，他自荐做班长，并且写了1000多字的工作计划。他如愿做了班长。

工作中，杰觉得班主任太过揽权，班长的自由度太小，工作的积极性衰减得很快。每天他踩着上课铃进教室，对班级情况不太关心；偶尔在课上还吃东西，很散漫的样子；无法协调班里各项工作，同学的意见越来越强烈。班主任和杰谈了几次话，但每次他都会说班里的同学不配合，希望班主任帮他树立威信，进一步放权给他，让他拥有更大的自由度……

杰被同学们彻底孤立了，班级像一盘散沙，改选时他没有得到一票。杰消沉了，他更加放纵自己，迟到、不交作业、不和同学一起活动……

每个人进入新环境都需要一个适应过程，这个阶段最好选择自己熟悉的工作。杰有热情和勇气，他认为凭借自己旺盛的精力肯定能做出一番成就，但他对自己的能力并没有一个准确的评估，将自己推到了悬崖上。班长和班委有很大的不同，班长要具备宏观调控的能力，将工作安排给相关的委员，同时组织其他委员协助完成；委员要精通具体工作的程序和技巧。杰渴望拥有绝对的权力，却忽略了自己是否具有驾驭这个权力的能力。进入高中，班长只有靠平时自己严格地遵守学校、班级的各种规定，为人处世有公心，建立起良好的自我形象，同学们认同这个人了，自然会心甘情愿地帮衬班长完成班级工作。如果杰当初自荐做宣传委员，驾轻就熟地、圆满地完成自己的本职工作，得到同学的认同，拥有一定的群众基础，对学校、年级、班主任和同学更了解了，考虑问题更符合实际情况了，在未来的改选中再竞选班长，就更明智了。

案例分享

飞儿刚上初一，心却“老”了许多，她的心情总是阴郁的。飞儿的爸妈都是好强的人，不甘人后。飞儿刚出生，他们就将所有的心血投入到她的身上，她从三岁就开始上各种各样的课外班，学龄前她就已经学完了二年级的功课。从小学一年级飞儿就是年级第一，她保持着超前学习，课堂的东西对她来讲太简单了。飞儿抽出时间做“社会工作”，二年级进了大队委，还是学校广播站的主持人，无论做什么，飞儿妈妈对她的要求都是“最好”。

飞儿在老师和父母赞许的目光中成长，妈妈为此经常被请到家长会上宣讲如何教育优等的孩子。飞儿就是好孩子的样板，就是别人学习的榜样，她习惯了在掌声中成长的模式。

小升初，飞儿被保送到全市最优秀的初中，但她的生活开始与美好告别。她再也没有考过年级第一，她不再参加任何课外活动，但还是不行。每次考试之前飞儿都很紧张，尽管成绩还能在班里保持前三名，但她不满足，毕竟现在才初一，她的理想可是北大呀，这个目标要求她从初一到高三一直要保持第一才行。

老师在与飞儿交流时，提醒她是不是改变一下小学时的学习方法，来适应初中学习生活，飞儿表面上答应，但心里却不这么认为，小学的学习方法给自己带来那么多的荣耀，为什么要改呢？学习原本是最令她兴奋的事情，现在却变成了最痛苦的事情。老师后来也就不再跟她说什么，她感觉到老师不喜欢自己了。

飞儿认命了，她觉得人一生的荣辱都是定量的，前面她将荣誉都享用尽了，后面只剩下耻辱了。飞儿无法面对那样的日子，她想过离家出走，也想过死，在铅笔盒夹层里放着一张叠得小小的字条，上面写着：如果活着不能出类拔萃，还不如快快地死去。

小学时代的飞儿可以用“全能”来概括，父母在努力培养她的成功意识和学习能力的同时，却忽略了心理素质的培养，她能够在遥遥领先的时候保持清醒的头脑，不骄傲，继续超前学习，但她不能在平等的竞争环境中保持平稳的心态。一项研究表明，有过优秀生经历的学生出现心理问题的概率高于普通学生。“优等生”为什么会出现心理问题呢？

第一是完美主义。因为个人的能力强，并取得过一定成绩，个人做事倾向于理想化，追求第一。飞儿升入重点初中之后，与同龄人中的佼佼者为伍，她能够保持班里的前三名已经是她努力的结果了，但她不能容忍别人超过自己，将这种情况当作人生的“耻辱”。

第二是过于敏感。飞儿在鲜花和掌声中成长，升入初中之后她成了人群中的普通一员，她无法适应普通人的生活。当光环散尽，她觉得自己毫无价值，周围人不会善待自己，情绪产生剧烈波动。当无法如愿改变或控制环境，她产生了强烈的挫败感。

第三是社会孤立。由于思维敏捷，加上比较聪明，学习成绩好，于是坚信个人能力是超群的，不能虚心地接受别人的建议，态度固执，这样做容易被周围的人拒绝，陷入孤立的状态。

有的优等生往往精力旺盛，对成功过分狂热，情绪表达激烈，对自己的行为求全责备，其人格和认知容易畸形发展。飞儿所思所想过于悲观，认为命由天注定，以寻求别人的赞扬、超过他人为唯一的生活目标，失去了青少年时期应有的童趣、纯真和广泛地与人相交的快乐。

4. 社群自我形象

顾名思义，社群自我形象就是与周围人之间的关系，在周围人心目中的形象。它包括以下四个方面：

- 亲密度：乐于与人交往，还是孤独疏远；
- 舒适区：是大还是小；
- 在重要的人（如父母、老师）眼中的形象；
- 在同学、同事眼中的形象。

这个内容我们将在第四、五、六三章详细讲解，这里就先不展开讲述了。

5. 家庭自我形象

家庭自我形象既包括自己的原生家庭在社会中所处的位置，又包括父母的情感和谐程度，还包括父母与自己的关系。青春期之前，大多数孩子只在意父母是否爱自己，进入青春期之后，他们对父母的职业、经济收入和社会地位变得敏感，会因为家庭自我形象感到自信或自卑。

这个内容我们将在第六章详细讲解，这里就先不展开讲述了。

新环境给青少年建立自我同一性创造了一个全新的环境，不要期待在新环境中瞬间逆袭，将“自己的理想目标”订立得更加符合实际情况，同时让现实中的自我更加贴近实现“理想的自我”的要求，这样就会身心愉悦地达成自我同一感，享受高中生活的每一天。

心灵作业

第一印象练习

第一印象，无论是好的还是坏的，都会给别人留下深刻的记忆。你给同学留下的第一印象是否如你所愿呢？

第一步：请你在下面的列表中，圈出5个你最希望给同学留下的印象词汇。每一项后面括号里的词与其前面的词有相同或相似的意思，如果它更恰当地表达了你想给同学们留下的印象，将它圈出来。

第二步：请你周围的同学选择5个最能代表你特征的词汇圈出来。

第三步：当你知道他人对你的印象之后，问问自己这是不是你想给别人留下的印象？如果是，恭喜自己。如果不是，你能做什么样的改变呢？

词汇表

爱冒险的（勇敢的）	明智的（聪明的）	警惕的（敏感的）
博学的（有见识的）	野心勃勃的（有追求的）	成熟的（长大的）
过分自信的（具有强烈意志的）	温和的（平和的）	有条理的（高效的）
谦虚的（谦卑的）	有才能的（胜任的）	乐观的（积极的）
关心的（焦虑的）	有组织的（守纪的）	谨慎的（小心翼翼的）

续表

友好的（合群的）	迷人的（有魅力的）	令人愉快的（惬意的）
厚道的（天性温厚的）	有礼貌的（有同情心的）	自信的（有把握的）
实际的（脚踏实地的）	体谅的（友善的）	改革的（有前瞻性的）
果断的（坚决的）	安静的（沉默寡言的）	雅致的（幽雅的）
发光的（闪耀的）	支配的（专横的）	可信赖的（可靠的）
宜人的（随和的）	有节制的（自我控制的）	有魄力的（富有能量的）
敏感的（敏锐的）	热情的（反应快速的）	严肃的（坚定的）
强有力的（侵犯的）	时尚的（时髦的）	友好的（亲切的）
容忍的（宽容的）	开心的（爱嬉戏的）	传统的（守旧的）
真诚的（诚恳的）	可信的（可接受的）	优美的（敏捷的）
反传统的（异常的）	辛勤工作的（勤劳的）	有生气的（有活力的）
幽默的（诙谐的）	温暖的（有同情心的）	

心灵测试

你给别人的第一印象如何？

1.你和别人见面的时候，会采用什么礼节？

A.握手　　B.拥抱　　C.了解对方想采取什么方式

2.你和别人告别时，下次相会的时间地点是谁提出的？

A.对方提出的　　B.谁也没有提这事　　C.我提议的

3.当你第一次见到某个人，你的表情如何？

A.热情诚恳、自然大方

B.大大咧咧、漫不经心

C.紧张局促、羞怯不安

4.你会在离他多远做出问题3这样的表情？

A.一看见他就做出这样的表情

B.在谈话中做出这样的表情

C.我本来就是这样的表情

5.寒暄之后，你是否很快就能找到双方共同感兴趣的话题？

A.是的，对此我很敏感

B.我觉得这很难

C.必须经过较长一段时间才能找到

6.你谈话时的坐姿通常是什么样的？

A.两膝靠拢　　B.两腿叉开　　C.跷起“二郎腿”

7.你同他（她）谈话时，眼睛望着何处？

A.直视对方的眼睛

B.看着其他的东西或人

C.盯着看自己的纽扣，不停玩弄

8.你选择的交谈话题是什么样的？

A.两人都喜欢的

B.对方感兴趣的

C.自己热衷的

9.第一次交谈中，你们各自所用的时间是怎样分配的？

A.差不多　　B.他多我少　　C.我多他少

10.会面时你说话的音量如何？

A.很低，以致别人听得较费劲

B.柔和而低沉

C.声音高亢热情

11.在会面中，如果你的手机响了，你会怎么做？

A.看一下是谁打来的，再关掉

B.说声抱歉，然后离开座位去接电话

C.直接关掉

12.你说话时姿态是否丰富？

A.偶尔做些手势

B.从不指手画脚

C.我常用姿势来补充我的话

13.假若别人谈到了你不感兴趣的话题，你会怎么做？

A.打断别人，另找一个话题

B.显得沉闷、忍耐

C.仍然认真听，从中寻找乐趣

14.你讲话的速度怎么样？

A.频率相当高　　B.十分缓慢　　C.节律适中

15.与人初次会面，经过一番交谈，你能对他（她）的举止谈吐、知识能力等方面做出积极、准确的评价吗？

A.不能　　B.很难说　　C.我想可以

计分表

	1	2	3	4	5	6	7	8	9	10	11	12	13	14	15
A	2	3	3	1	3	3	3	3	3	1	2	3	1	1	1
B	1	1	1	2	1	2	2	2	2	3	1	2	2	2	2
C	3	2	2	3	2	1	1	1	1	2	3	1	3	3	3

得分解释

15～24：你给人的第一印象不太好。你也许对这个结果感到吃惊，因为你只是依着自己的习惯行事而已。你是很愿意给别人留下一个美好印象的。可是你的不经意或言语无趣，无形中却给对方留下了不好的印象。请记住，交往是种艺术，成功的交往是需要你付出一定的努力的。

25～36：你给人的印象一般。你的表现中存在着某些令人愉快的成分，但同时又有不够精彩之处，这使得别人不会对你印象恶劣，但也不会产生很强的吸引力。如果你希望提高自己的魅力，请在心理上重视，多学习别人的技巧，努力在交流的第一回合显示出你的最佳形象。

37～45：你给人留下的印象非常好。你的礼貌、合作、对他人的照顾给第一次见到你的人留下了深刻的印象。无论对方是因为工作和你接触还是在私人生活中和你接触，无疑他们都有与你进一步接触的愿望。

第二章
积极心理，助力持续的成长力

心理学家、精神分析学派创始人弗洛伊德提出人格是由本我、自我与超我三个部分组成。“本我”代表最原始的本能、欲望，遵循快乐原则；“自我”负责处理现实世界的事情，遵循现实原则；“超我”是良知或内在的道德判断，遵循道德原则。

我对近30年的心理健康教育和心理咨询进行定量统计和定性分析，总结出心理健康的人“本我”“自我”“超我”的比例大概为2：6：2。20%的“本我”使人不失浪漫和情趣，追求生活的内在品质；60%的“自我”使人立足现实，与周围环境有良好的互动，具有良好的弹性；20%的“超我”刚刚好，既具有敬畏感和道德感，又不会太过刻板。

心理健康是一个动态的过程

现在，越来越多的年轻人开始重视自己的内心感受和心理健康水平，这本是社会文明的一个重要指标，但非常遗憾的是，人们对心理健康在认知上存在着许多误区，归纳起来包括几个方面：一是误将网络的娱乐型心理健康测试当作诊断依据，通过测试给自己贴上“心理疾患”的标签，加重了心理负担；二是过度依赖各种搜索引擎，希望给自己的“症状”找到答案，不加分辨地对号入座，不断强化自己的负性暗示，加重“症状”；三是误将三甲医院的心理科或精神专科医院的心理医生当成心理咨询师，使用精神类药物，过度治疗……我接待了大量的被心理医生诊断为“强迫症”“焦虑症”甚至“精神分裂”而不得不休学，甚至辍学的学生，其实他们仅仅是存在环境适应不良、人际关系不和谐、学习方法不好等问题，完全可以在接受心理咨询的同时完成学习任务。因此，了解心理健康的等级标准，明确不同的心理状况，寻求不同专业人士的帮助，是每一位现代人必须掌握的技能。

心理健康的“灰色区域理论”用一条由白色到黑色的渐进线来代表人的心理健康水平。就心理健康水平而言，我们每个人都在这条线上，只是不同的人在不同的位置，同一个人在不同时期也可能所处的位置不同。

心理健康是一个动态的过程。下图中的这条线分为四种颜色区域：

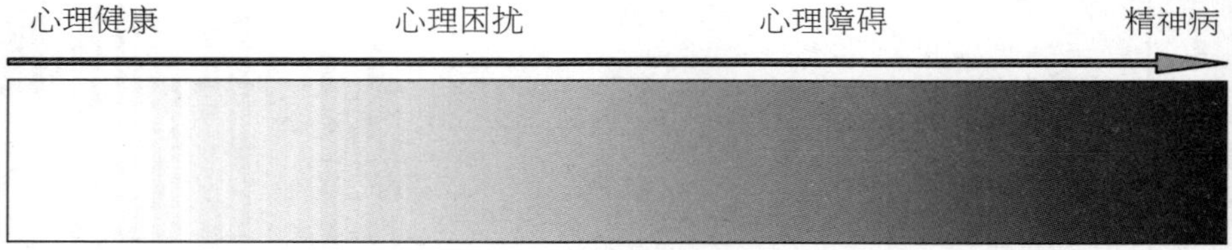

心理健康灰色区域理论

一、白色区域

该区域的人的心理是健康的。

Q：心理健康的人有情绪波动吗？

A：当然有。该区域的人在日常生活中会有情绪波动，但只要他们能比较及时地调整自己的心态，就能让自己的情绪始终保持在健康的状态。

二、浅灰色区域

该区域的人是有心理困扰的。他们由于各种生活压力而产生心理冲突。生活压力包括失恋、丧亲、家庭不和、学业困难、人际关系不融洽等，由这些压力带来的心理不平衡和精神压抑，属于非病理性精神痛苦。

Q：如何判断自己的情绪波动是否已经进入浅灰色区域呢？

A：心理健康状况自测很简单。衡量一个人的情绪波动是否已经进入浅灰色区域有三个指标：

- 被同一件事困扰。
- 负性情绪持续7天以上。
- 负性情绪呈递增状态。

Q：一个同学因为考试成绩不理想情绪特别低落，但三天之后，他的情绪就平复了。又过了两天，他因为与老师之间产生了矛盾而情绪再次出现波动。他是否进入浅灰色区域了呢？

A：当然没有，因为前后是两件事情。

Q：什么是负性情绪呈递增状态呢？

A：大家都知道，时间是治愈负性情绪的良药，但此时的负性情绪不但没能随着时间的推移而减少，反而递增。举个例子，假设你与一个人有矛盾了，开始时你看到那个人就会难受，但见不到他就不太在意；慢慢地，你即便没看到他，但只要一想起他就会有不愉快的感觉；再发展，晚上睡觉惊醒也会想到这个人，并难以继续入眠。这就是负性情绪递增。

Q：如果自己经常处于情绪波动之中，或者已经进入浅灰色区域了，是不是可以通过自己的努力改善心理状态，回归到白色区域呢？

A：答案是肯定的。在本章我将给大家介绍一些常用的心理自助方案。但效果是否明显、持久，则要看本人的心理健康基础是否好，周围是否有强大的心理支持系统，还有就是本人是否有过战胜困难的成功经验等。

Q：自己调整一段时间，但效果不明显，或者问题更加严重了，该怎么办？

A：身处灰色区域如果不及时修正，负性情况会进一步扩大，造成更多的现实困难和损失，由此加重心理问题。在日常咨询中，我们经常见到处于浅灰色区域的人或是盲目乐观，固执地认为自己会好起来，或是讳疾忌医，觉得说出自己的负性情绪没有面子，让人笑话，于是自己扛着，结果心理状态进一步恶化，进入了深灰色区域，错过了解决问题的最佳时机。一般情况下，当自己负性情绪持续 7 天以上，尽管自己有意识地调整，但负性情绪依然有增无减，最好马上寻求专业人士的帮助。

Q：专业人士是指心理医生吗？

A：不是。心理医生是通过药物为处于深灰色区域的人提供心理治疗。而处于浅灰色区域的人应该向心理咨询师寻求帮助。

心理咨询师以心理咨询理论为基础，借助心理辅导技术，依托丰富的社会阅历，通过面对面的交流帮助来访者找到造成情绪波动的症结，纠正不合理的信念和不正确的行为方式，全面、深刻地认识影响正常生活的心理冲突，积极地应对并解决问题，最终缓解由此产生的心理冲突与压抑，获得内心的和谐，增强自信心和自主能力，积极地适应生活，完善人格。在心理咨询师的陪伴下，几乎所有处于灰色区域的人都能够回归白色区域。

温馨提示：有学校教育背景的心理咨询师最适合为学生提供帮助。

三、深灰色区域

如果处于浅灰色区域的人没有得到及时的心理支持，则会进一步发展，进入深灰色区域。他们出现各种异常的人格和神经症，比如强迫症、抑郁症、焦虑症、恐惧症、癔症等，发展成各种变态人格、人格异常和人格障碍，属于病理性精神痛苦。

Q：我们可以通过自测来确认是否进入深灰色区域吗？

A：不可以。这是专业性很强的问题，只有专业的心理咨询师或心理医生才能辨别。

Q：谁能够帮助处于深灰色区域的人呢？

A：综合医院心理科的心理医生借助药物为患者进行针对性治疗，消除或减轻患者心理上的痛苦与压抑，控制或摆脱其变态行为，帮助其恢复正常生活。

Q：吃精神类药物会不会有副作用呢？

A：当然。是药三分毒，精神类药物除了对机体有副作用之外，更重要的是心理上的副作用，有明显的弱势感。但两害相权取其轻，如果已经进入深灰色区域就一定要及时就医，遵医嘱服用药物，避免进一步向黑色区域滑落。

案例分享

孙小强就读于一所重点学校。他中考成绩优良，留在母校上高中，但非常遗憾，他没有进入梦寐以求的顶尖班。初中时与他成绩差不多的同学都进了顶尖班，为此他很沮丧，家长多次与学校交涉转班都没有如愿。

开学之后，孙小强对没进顶尖班的事情还是耿耿于怀，还迁怒于班主任和同学，他认为班主任治学不严谨，班级学习气氛不浓厚，同学对学习的重视度不够。性格的孤僻和对同学的排斥成为他与同学之间交往的屏障，全班除了一位性格开朗的女生偶尔和他说话之外，再没有人理他。

期中考试孙小强成绩非常不理想，他认为如果再在这个班待下去自己的人生就全毁了。他每天回家和家长发火，认为他们没有本事，不能把他调到顶尖班去。与此同时，孙小强产生了幻听，他感觉每当自己在课堂上记笔记时，那个和他说话的女生就在后面骂他，女生的声音搅得他根本无法安心记笔记。下课后他找到女生，正色地警告她："你不要在上课时骂我！"女生觉得他莫名其妙、不可理喻，也没有当回事。他的幻听进一步发展，耳朵里经常充斥女生骂他的声音。

小强母亲再次找到学校，说小强在班里被排斥，被欺负，请学校马上将小强调到顶尖班去。学校领导觉得小强说女生课上骂他根本就不合理，于是让他家长带孩子来接受我的心理咨询，如果我认为应该换班，请开具证明。

我见到小强时，他目光呆滞，精神无法集中。"她就是怕我学习好，存心给我捣乱……"小强已经无法和我正常地进行语言交流了。

我明确告诉小强母亲，孩子出现幻听的最重要原因是他认为无法进入顶尖班就无法在高考中获得好的成绩，拉大他与进入顶尖班的初中同学之间的成绩差距，由此陷入深度焦虑之中。而为什么幻听的目标是那个女生呢？因为在这个班里只有这个女生与他说话，他只对这个声音“熟悉”。我建议小强的母亲要正确对待孩子出现幻听的心理状态，现在小强不是换班问题，而是要到心理科接受心理治疗，借助药物控制病情进一步恶化，此时的心理咨询已经无法帮助他了。

在交流中我强调，如果孩子不及时就医会发生危险，一是他会因为幻听增多而产生强烈的恐惧，做出自残的举动；二是他可能会伤人，造成校园暴力事件。小强母亲似乎听明白了，表示一定去看心理医生，同时再三恳求我帮助开具证明——换班。离开压力源对此时小强的心理压力会有所缓解，所以我给他开具了证明。

我再次见到小强母亲是在小强被送进精神专科医院住院之后。他的母亲也患上了抑郁症，在家人的陪伴下前来接受咨询，我由此得知了小强从我这里离开之后发生的事情。

小强母亲拿着我开具的证明找到学校，学校领导基于安全的考虑把小强调到了顶尖班。小强母亲觉得问题得到了圆满的解决，孩子的心理就不会有什么问题了，而且觉得去看心理医生是不太光彩的事情，就没有带孩子去看病。

小强母亲的侥幸心理贻误了小强接受治疗的时机。小强在顶尖班平静了两周之后，幻听又开始了，并且更加严重。每次一下课，他都由顶尖班所在的2楼跑到5楼的原来班教室，大声指责那个女生，为什么还不放过他，上课时还骂他……

女生根本不理他，班里同学觉得他“不懂好歹”，全班就这个女生可怜他，和他说话，却“好人不得好报”，每当他进班，同学们都喊“禁止串班，回你班去……”终于，他“忍无可忍”，在一次午休时冲进教室，狠狠地暴打了那个女生……同学们觉得他太欺负人了，义愤填膺地阻拦他并报警。

面对警察，小强毫不示弱，对要带他到警局做笔录的警察拳打脚踢，造成了极大的混乱。后来，赶到学校的母亲告诉警察，小强精神不正常……小强被送到精神专科医院，马上被留院治疗了。

小强母亲无法面对现实，原来她设想儿子学业有成，儿子让她引以为豪，却不想儿子患上了终身疾病。医生已经明确告诉她，精神疾患没有痊愈，只有发病或不发病。小强母亲因为自责、内疚、恐慌而患上了抑郁症。

心理疾病的病程发展很快，及时就医是止损的最好方案。心理咨询师、心理医生和精神专科医生服务的群体不一样，采用的方法也不一样。每个人在接受心理支持之前，应该对自己有个初步的界定，选择适合自己的心理支持者。

日常咨询中，我经常为已经办理休学的学生进行修复性心理咨询，他们因为心理原因无法保证每天都到学校上学，心理医生往往会建议他们休学，将心理状态调整好了再回归校园。从短期来看，这种暂时与压力源隔断的做法没有问题，但心理医生忽略了学生复学后所承受的压力要加倍增大，许多学生可能再也无法回到学校。在咨询中，不到万不得已，我不会建议学生休学。持续的心理咨询可以帮助来访者直面自己的问题，有针对性地提高心理调适能力，和谐人际关系，建立心理支持系统，逐步适应环境，跟上“大部队”。这种咨询思路避免了心理的二度伤害。

四、黑色区域

进入黑色区域的为精神病患者。精神专科医院的精神科医生可以为他们提供治疗。

如果你的家族中有精神病患者，你就一定要调整自我期待，同时要选择一个适合的心理咨询师，情绪波动特别大的时候建议马上和咨询师进行交流，让自己始终保持积极、健康的心理状态，提高心理健康的免疫力。

呵护自己的心理健康非常重要，遇到困难一定要选择适合自己的心理工作者，及时化解内心的纠葛。为了避免误诊，遇到心理困扰时，最好先找心理咨询师，有职业操守的心理咨询师会进行判断，如果已经超出了自己的服务范围，他会及时将来访者转介到最适合的心理健康治疗医院。

身心问题和心身问题

身心问题是指因为身体的疾病而引发了情绪波动，进而发展成为心理问题。身体不好会造成人的无力感，总是处于心有余而力不足的状态，由此产生烦躁的情绪。出现这种情况的多见于老年人，极少出现在孩子身上。

心身问题是指因为心理问题而引发的躯体“症状”。我们许多人都体会过因为考试而肚子疼，想去洗手间的事情吧？这是因为精神紧张造成肠蠕动加快，体质敏感的人会有肚子拧痛感，属于适度焦虑。在日常咨询中我常见到有的学生只要一说上学就会出现发烧、胃痛、呕吐等生理反应，到医院检查生理上没有任何问题，这就属于由心理问题引发的“躯体化”。心理咨询能够帮助他们彻底消除躯体“症状”。

案例分享

柳益龙今年复读高三，第二学期开学他又开始出现低热症状，他估计今年的高考又完了。

柳益龙从小就被公认为很聪明，边玩边学还一直在重点学校保持中游水平。他一直认为凭借自己的天分考上重点大学没什么问题。升入高三，母亲弄来大量的统计数据，说就业形势有多么严峻，如果考不上重点大学，上大学就意义不大了。他当时乐观地认为考上一本没问题。但不知道为什么，自3月份他就开始持续低热，体温一直在37.5℃左右，全国各大医院都跑遍了，也没有查出什么器质性病变。因为耽误了两个多月的课，以致他高考分只达到三本线，他只能选择复读。

复读的感觉比预想中难受多了。柳益龙每天都生活在自责之中，在家他觉得对不起父母，在学校他觉得对不起老师。他觉得很多同学也都怪怪的，有的同学每天都是一副苦大仇深状，只知道念书，谁跟他说话就像要剥夺他考重点大学的权利一样；有的同学仅仅为了满足家长的虚荣心来混日子。柳益龙和这两种人都无法沟通，他怀念原来的同学。下学期开学之后，他不打算去复读班上课了，决定一个人在家自学。父母不同意，他又开始低热了。父母带他去看医生，医生说他是心理问题，建议做心理咨询。

柳益龙属于典型的心身问题，因为心理的焦虑而引发躯体出现症状。他容易被周围人的暗示所影响，大家夸他聪明，他就认定自己聪明，可以不太努力就能取得好成绩。临近高考，因为他平时漫不经心的表现使母亲认为他不靠谱，找来各种就业形势数据强化他的学习动机，他开始紧张。这无疑加重了他的焦虑，由此引发躯体化。

所谓躯体化，就是当人的情绪陷入紧张、恐惧或焦虑时，他的潜意识特别渴望逃避，往往会产生这样的想法：如果此时生病就可以冠冕堂皇地不用学习或工作了。当这种想法反复强化就会真的出现“症状”了。因为“症状”使其规避了压力事件，获益之后躯体症状又被强化。如何区分是躯体化还是真的有疾病呢？应该看躯体症状与相应的医学检查是否匹配。有的人完全没有病理反应，有的人临床检查中尽管发生了病理改变，但完全没有达到主诉的严重程度，这就可能是躯体化。我给临床医生做心理培训时指出，如果某种疾病的痛苦指数是5分，而患者呈现出来的痛苦指数是8分或9分，医生就要考虑可能是心身问题，此时应邀请心理科医生会诊。

作为学生，因为心理焦虑出现考试焦虑，并造成现实损失，如果不积极干预的话，在下一次大考前出现焦虑的概率会升高，时间会提前，程度会加深，损失会变大。

我为柳益龙做了职业生涯规划，他发现目前的分数逐渐可以达到预期的目标，因此紧张的情绪得到缓释，发热的症状逐渐消失，并坚持到校上学。在持续咨询中，我帮助他解决了自我同一性混乱问题，让理想中的自我和现实中的自我达成关联，还和他一起制订切实可行的复习计划，提高了学习效率。终于，他考上了理想的大学。

通过自我剖析来获得成长机会

心理学人本主义流派创设人、美国心理学家马斯洛创立的需求层次理论，能够帮助我们更好地认识自己的情绪反应。人的需求由低到高呈金字塔式，每一层次需求得到满足后就有了追求高一级需求的愿望。基础层次的需求得不到满足就会出现情绪上的波动。

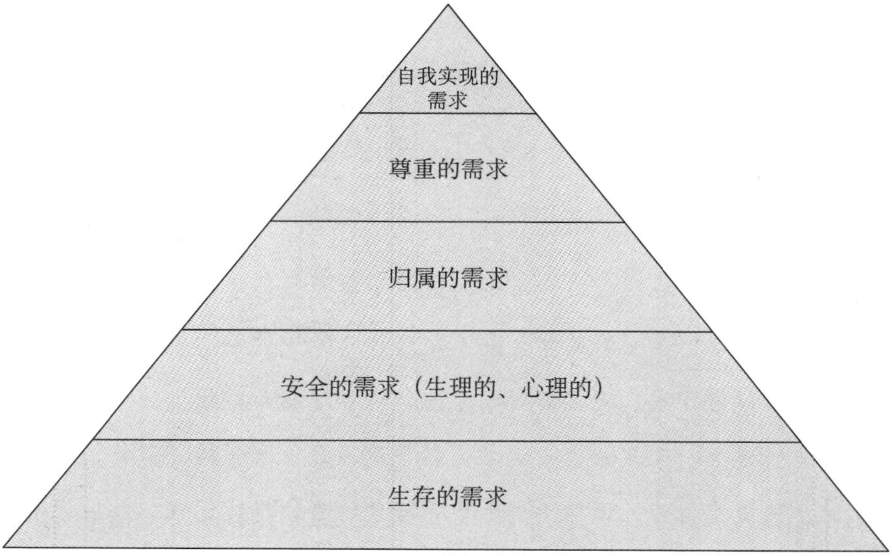

一、生存的需求

生存的需求是人们最原始、最基本的需求，比如，饿了要吃饭、渴了要喝水……人在婴儿期，这些生存的需求不能及时得到满足，他就会用哭声来表示抗议。

生存需求如果得不到满足，则会危及身体健康、生命质量。生存的需求是最强烈的、不可避免的最底层需求，也是推动人们行动的强大动力。

二、安全的需求

安全的需求包括劳动安全、职业安全、生活稳定、希望免于灾难、未来有保障、心理上的安全感等。安全需求比生存需求高一级，当生存需求得到满足以后就要保障这种需求。每一个在现实中生活的人，都会产生安全感的渴求，以及对自由的欲望。

我们曾经比较重视外在的安全感，比如抵御来自自然界的灾害，防止、逃避来自人群的暴力事件，这些属于外在的、物化的安全。随着社会的发展，人们开始关注内在的精神安全，人际交往的不安全困扰着越来越多的人。

案例分享

付磊觉得他所在班级班风不好的最主要原因是班主任总是被表面的现象所蒙蔽。例如，学习好的学生并不是老师想象中的品学兼优，他们总是说怪话，不起好作用。班主任对学生的认识和现实存在很大的差距。付磊建议班主任建立“个人诚信”记录，私下邀请几位同学做“监督员”，对同学课上的违纪行为、课间不利于班级凝聚的言谈进行记录，然后评出等级，作为老师全面评价学生的依据。

付磊为班主任出谋献计，充当“监督员”的最主要原因并不是他具有正义感，而是他的人际关系不好。付磊上小学时成绩始终是班上第一，他觉得班上的同学都很庸俗，同学也都不喜欢他，经常拿他寻开心，每次被欺负之后，他就会告诉老师，老师总是偏袒他。

初中考入重点学校，班里强者如云，付磊失去了被老师关注的资本，为了赢得老师的关注，他随时向老师汇报同学的言行，老师私下表扬他关心集体，并让他担任组织委员。付磊终于找到被老师重视的感觉。但他的行为让班上的同学都很排挤他，看见他进教室，总有同学喊：“班狗来了！”偶尔，付磊看到大家在一起说说笑笑特别想加入他们，但大家一见到他就像避瘟神一样跑开了……

付磊充当班主任眼线的行为无疑在同学心中制造了不安全的气氛，大家担心自己的言行被班主任知道。付磊成为大家必须防范的对象，大家不接受他。我建议付磊认真思考如何与同学和谐相处，用更加积极、健康的方式优化自己在同学心目中的形象。

三、归属的需求

每个人都渴望得到亲人、朋友、同事的关怀、爱护、理解。归属的需求比生存需求和安全需求更细微、更难捉摸。它与个人性格、经历、生活区域、民族、生活习惯、宗教信仰等都有关系，这种需求难以察觉，无法度量。

作为高中生，最重要的归属感包括家庭归属感和班级归属感。有的学生进入青春期之后，放大了自己与父母之间的沟通困难，甚至排斥父母，造成自己在家庭中无法获得归属感。这类同学在人际交往中会出现两种比较极端的表现：一是对“爱”飞蛾扑火，无论是对友情还是爱情都希望紧紧抓住，过于依恋对方，给对方压迫感，最终事与愿违，感情出现裂痕或者破裂。另一种则是冷漠，拒绝与周围人交流，陷入“人间沙漠”。如何加强自己的家庭归属感，我们将在第六章中详细讲解。

如何使自己在班级有归属感呢？遵守行为规范、乐于助人、心胸开阔、善于沟通，这些会让你得到同学的接纳，你也由此获得了归属感。

案例分享

“我在班里就是空气，没有人注意过我是不是上学了！”杨薇的家是典型的“421”家庭，她是家人的掌上明珠，含在嘴里怕化了，捧在手里怕摔了。杨薇也很争气，一直学习成绩很好，老师和同学对她很友善。升入重点初中后，杨薇成了班上普通的一员，多年的生活学习习惯让她不但不主动为大家服务，而且对同学干的活儿还很挑剔。于是，没有人再理她了。她不去学校，没有人打电话问候她。偶尔去学校，看到自己的作业本、卷子散落在四处，根本没人为她收集一下。她心寒了，觉得这个班的同学太没有人情味了，她再也不想去学校了。

在人际关系中，春华秋实，春天播种，秋天才有可能收获。假如你不为同学服务，你在群体中就没有价值感，当你需要来自群体的支持时，也很难获得别人的帮助。

要想有归属感，就一定要先付出自己的爱心！

四、尊重的需求

尊重包括两个方面的意思，一方面是自我尊重，也就是自我价值感，认定自己是值得自己和别人尊重的。有一类学生，他们的学习成绩很好，但每次考试之后都会大呼没有考好，表现出惴惴不安的样子，而成绩下来之后特别好，甚至是名列前茅，周围的同学会觉得他们做人不够真诚。这类学生中有一类是谦虚、低调，给自己留有余地；另一类则是自我价值感低，他们真心认为自己学习不够好，不会取得好成绩。

我建议第一类同学不要“演”过了，让同学们感觉到你不够真诚。对于第二类同学，我建议可以趁着非毕业年级去接受心理咨询师的辅导，深挖自我价值感低的深层原因，并尽力改善。大量的咨询案例表明，这类同学升入毕业班出现过度焦虑的概率很高。

尊重包含的另一方面的意思就是被人尊重。要想获得别人尊重的最有效方案就是遵守规则，尊重他人。有的同学不注意自己的言行，怼天怼地怼所有，挑战老师、奚落同学；与此同时，又对别人的态度和评价过于敏感，一旦感觉到别人不够尊重自己就非常生气，甚至做出极端的事情，破坏人际和谐。

马斯洛认为，尊重需求一旦得到满足，就能使人对自己充满信心，对社会满腔热情，体验到自己活着的用处和价值。

五、自我实现的需求

这是最高层次的需求，它是指为了实现个人理想、抱负，最大限度地发挥个人的能力，完成与自己的能力相符的一切事情的需求，最充分地发挥自己的潜在能力，成为自己所期望的人物。这是一种创造的需求。

马斯洛认为，人在自我实现的创造性过程中，会产生一种所谓的“高峰体验”的情绪感受，这个时候人能够体会到激荡人心、欣喜若狂、如醉如痴的感觉。由此推断，只有成功人士才能体会到自我实现需求得到满足的快感。

我个人认为，其实“高峰体验”并不是成功人士的专利，每个人都会有“高峰体验”，只是出现的频率和持续的时间长短不同而已。比如，某同学的英语一直是弱势学科，尽管付出了很多的努力，但进步仍不明显，始终处于不及格的状态。某一次考试，他终于及格了，这是一个具有跨时代意义的事件。那一瞬间，他体会到“一览众山小”的快感，感受到“天道酬勤”的满足，这也算是“高峰体验”。如果这种感受转化成为他继续努力的动力，英语水平稳步提高了，就会强化他的“我有能力把英语学好！”的动机和信心，由此进一步收获自我实现的感觉。

了解了人的层次需求理论之后，未来再出现情绪波动，就可以问问自己，到底是哪个层次的需求没有得到满足而引发了负性情绪？你可以通过自我澄清来获得自我成长的机会。

合理的信念带你远离不良情绪

美国心理学家艾利斯认为，人的情绪和行为反应不是由某一事件（Activating event）所直接引起，而是由于通过人对事物的信念（Belief）作用，导致了在特定情景下的情绪（Consequence）或行为后果。这一理论纠正了我们惯常的思维定式，它的实质就是：不是事件，而是你对事件的认识决定了你的反应。这个理论被称为ABC理论。其核心是B，即你的信念或理念，指人们对一类事物的共同看法。合理的理念会引起人们对事物恰当的、适度的情绪反应；而不合理的理念则相反，会导致不恰当的情绪和行为反应。当人们坚持某些不合理的理念，就会长期处于不良的情绪状态之中，最终导致情绪障碍的产生。

例一：

求证：同一件事情发生在不同的人身上，产生的情绪完全不一样。

事件（A）：经过认真复习，你的考试成绩依然不理想。

甲同学的情绪（C）：愤怒。为什么老天总是和自己作对。

乙同学的情绪（C）：失落。自己就是很笨，无论如何付出都难以收获成果。

丙同学的情绪（C）：平静。发现自己的学习方法和对知识的理解有问题，抓紧向老师求助，以最快的速度改变过来。

结论：事件与情绪感受并不是一一对应的。

例二：

求证：同一件事情发生在同一个人的不同阶段，产生的情绪完全不一样。

事件（A）：你丢了100元钱。

小学阶段的情绪（C）：惊恐。天塌下来了，父母知道肯定得打我。

高中阶段的情绪（C）：沮丧。真倒霉，10天的生活费没有了。

工作阶段的情绪（C）：失落。唉，自己怎么这么不小心，以后得细心些。

……

结论：事件与情绪感受并不是一一对应的。

通过以上的分析，我们可以知道，其实引发情绪的原因不在于事件，而是我们的理念B。我们看看第一个例子就清楚了。

甲同学的理念（B）：付出就应该得到。我努力学习了，就应该取得好成绩。

乙同学的理念（B）：只有聪明的人才能玩转学习，取得好成绩。

丙同学的理念（B）：考试是检查学习漏洞的机会，检查出漏洞本身就是有意义的。

大家看看他们的理念是否合理呢？

甲同学的理念是不合理的。付出了真的不一定有收获，如果付出的方向有问题，不仅不会收获，反而会产生更大的压力。

乙同学的理念是不合理的。决定学习成绩的因素除了智力，还有学习方法、学习状态。而将成绩不理想的原因仅仅归咎于智力因素，就会陷入一种宿命的状态，产生强烈的无力感。

丙同学的理念是合理的。他全面了解了决定成绩的因素，考试成为他不断进行自我改善的手段，通过考试发现问题，然后自己去解决问题。

一、盘点常见的不合理理念

不合理的理念包括以下几点：

● 一个人要有价值就必须很有能力并获得成就。

● 某人绝对是坏人，所以他必须受到惩罚。

● 逃避困难和推卸责任要比正视困难简单得多。

● 任何事情的发展都应和自己期待的一样，任何问题都应得到如我所愿的解决方案。

● 人的不幸绝对是外界造成的，人无法控制自己的悲伤、忧虑和不安。

● 一个人的成长经历对现在的行事起决定作用，一件事过去曾影响自己，现在必然也影响自己。

● 我是无能的，必须找一个比我强大的靠山才能生活；我是不能掌控感情的，必须有人安慰我。

● 周围人的不安必然会引起我的不安。

● 和我接触的人都必须喜欢我、赞成我。

● 生活中存在大量对我不利的事，必须花大量时间考虑对策。

二、驳倒不合理的理念

不合理理念的特征包括以下三点：

● 绝对化的要求。

● 过分概括化。

● 糟糕透顶。

了解不合理理念的特征后，我们就来驳倒它们吧。

1. 一个人要有价值就必须很有能力并获得成就

一个人的价值靠什么来确定？难道只有“很有成就”的人才有价值吗？社会就像一台机器，有人可能是在最重要的部位，有人可能只是一颗螺丝钉。但如果这台机器少了螺丝钉会出现什么样的情况呢？整台机器都无法正常地运转。

接纳自己是最可贵的品德，也是最具魅力的品德。一个人的价值不在于取得多少成就，而是真正为社会做点儿什么，为他人奉献点儿什么。

2. 某人绝对是坏人，所以他必须受到惩罚

对人的评价有没有统一的标准？在你眼中的坏人，可能在别人的眼里就是好人，因为任何人对他人的评价都具有明显的主观色彩。

人与人之间的情感是互相传递的，如果你从内心厌恶一个人，你无论表面上如何伪装，对方都能感受到，并给予相应的反馈。以宽容的态度对待周围的每一个人，并发自内心地祝福对方，这样就可以化干戈为玉帛，把自己从不快乐中解救出来。

3. 逃避困难和推卸责任要比正视困难简单得多

遇到困难时，是逃避简单还是正视简单？

一个学生中考失利，他将所有的责任推卸给外界——他不适合现行的教育体制；学校管理不科学；父母没有全程陪伴自己中考复习……他总是气呼呼地看待这个世界，觉得所有人都对不起他。他的固执和偏执使朋友一个个离他而去，他在拒绝外界的同时，也将自己排斥在群体之外。

作为学生出现考试失利是很正常的事情，只有正视挫折，找到出现问题的原因，努力去改变，才不会在同一个地方摔第二次跤。

4. 任何事情的发展都应和自己期待的一样，任何问题都应得到如我所愿的解决方案

问题的解决是受许多客观因素制约的，不会以任何人的主观意志而转移。你只要尽力了，无论结局怎样，都应该无怨无悔。追求完美使自己无法体会到成功的快乐。

5. 人的不幸绝对是外界造成的，人无法控制自己的悲伤、忧虑和不安

人的不幸与人的思维方式和行为方式存在着直接关系。面对挫折、不幸出现一些情绪的波动是正常的，但如果长时间不能自拔则是自主意识的丧失。无论挫折对自己构成怎样的打击，都要慢慢地梳理自己的思绪，找出问题的原因，坦然地面对。如果被挫折掌控，不能找出遭遇不幸的原因，就会继续遭受不幸，这就是祸不单行的原因。

6. 一个人的成长经历对现在的行事起决定作用，一件事过去曾影响自己，现在必然也影响自己

这种悲观的说法经常被不思进取的人采用。我有一个学生曾固执地认为，在重点学校要想顺风顺水，就必须是父母实力+与校领导的关系+绝对领先的成绩，所以身为特困生的他根本就没有出头之日。幸好他来找我咨询，修正了不合理的理念，才从消沉中走出来，考上了北京大学。他在给我的信中这样写道："路在自己的脚下，你想走向何方就可以走向何方。"

7. 我是无能的，必须找一个比我强大的靠山才能生活；我是不能掌控感情的，必须有人安慰我

如果将自己的情感都寄托到别人的身上，你就丧失了自己掌控情绪和生活的主导权，陷入不安和惶恐之中。"王侯将相，宁有种乎？"谁天生就强大？就是别人的靠山呢？

8. 周围人的不安必然会引起我的不安

每个人都是独立的个体，受别人的连带只能说明你还没能有效地控制自己的情绪，不能独立地面对人生。当别人不安时，我们可以站在对方的角度，理性地帮助其分析问题，而不能将自己的情绪也卷入其间，与之形成负性情绪的互动状态。如果你发现自己陷入对方的不安之中了，就要提醒自己，人际卷入度过高了，有效地划定自己与他人的情绪界限。

9. 和我接触的人都必须喜欢我、赞成我

难道你真的会给自己熟悉的人这么多束缚吗？每个人都有不同于别人的价值判断和审美趋向。与人接触时如果遵循“我接纳你，但不一定认同你，更不会追随你”的原则，存在这种不合理理念的人在与人交往中既给自己压力，又给对方压力。结局往往是对方不堪其扰，逃之夭夭。

10. 生活中存在大量对我不利的事，必须花大量时间考虑对策

每个人的精力都是有限的，如果总是以防范之心去看待周围的人和事情的话，是不是很累呢？当你觉得有许多事情对自己不利，就会敏感多疑，这样会令周围的人不舒服，并以自己的方式提防你，如此一来，你就陷入人际紧张之中了。生活中会有一些始料不及的事情，但在它还没有出现之前，为什么要预支压力呢？专注地做好眼下的每一件事情，提升实力，提高自己应对突发事件的能力，就不会害怕了。

“空椅子技术”解决人际交往问题

“空椅子技术”是西方现代心理学的主要学派之一格式塔流派常用的一种技术，它对于人际交往中遇到困难的来访者非常有效。这种技术常常运用两张椅子，来访者坐在一把椅子上代表自己，然后再换坐到另一张椅子上，扮演另一个角色。通过这种方法，可使来访者在角色扮演中充分地体验冲突，从不同的角度接纳和整合两个人，从而消除误解和冲突。

案例分享

汪洁飞很小的时候，她妈妈就给她讲过“孟母三迁”的故事，那个时候她还不明白为什么会因为邻居不好而搬家，而现在的她真切体会到有恶邻的滋味太难受了。可她无法像孟母一样搬走。

汪洁飞认为自己的命不好。从小学到高中，她的同桌都是男生，他们中有招老师喜欢的班委，有很有女生缘儿的帅哥，但不知为什么他们在她面前表现得如此恶劣。

在汪洁飞的眼中，现在的同桌小明是一个蛮不讲理的人。一上课，他就和后面的同学说一些与学习无关的话，搞得她无法专心听讲。下课了，汪洁飞想在座位上看会儿书，可小明招来很多男生聊天，她只能离开自己的座位，可又觉得无处可去。

汪洁飞和小明经常吵架，她并不想吵架，害怕引起老师的注意，怕老师对她有不好的看法。可小明太不像话了，有时他把汪洁飞的书撕坏了，有时还说一些脏话，严重伤害了她的自尊心。汪洁飞向班主任说过很多次了，希望能调一下座位，可老师总是说：“以后再说吧。” 汪洁飞真不知道老师为什么这样。现在汪洁飞和小明之间的关系已经影响了她的情绪和学习成绩。

“空椅子技术”是一种简便易行、行之有效的自我心理疗法，可以使人很快地宣泄掉心中的不良情绪，恢复到积极理智的心理状态。

我请洁飞坐在一把椅子上，对面再放一把空椅子，用它代表小明，当洁飞坐到小明的位置上则代表他在发言，空椅子则代表洁飞本人。

洁飞：小明，我恨你，你为什么这样欺负我？

小明：我不喜欢和你交流，但没有欺负你。

洁飞：你为什么上课时和后面的同学说话，影响我听课？

小明：我只是无法和你说话，所以找他们说啦，我没有存心影响你听课呀。

洁飞：下课的时候，你引来这么多男生，让我无法安静地看书。

小明：下课本来就是休息的时间，你为什么要念书呢？

洁飞：我不念书又能干什么？没有人理我。

小明：你给别人的感觉像浑身长满了刺的刺猬，谁敢和你讲话呀。

洁飞：可我不是刺猬呀，只有别人伤害我，我从来没有伤害过别人呀。

小明：你知道你自己平时的表情，还有你与人讲话时的态度和语气吗？

洁飞：知道，但我觉得是别人先伤害我，我只是自卫而已。

小明：你让人感到害怕。

洁飞：你为什么撕我的本子？

小明：拜托，请你仔细想一想，可是你先把我的书扔到操场上去了呀。

洁飞：我为什么会这样做，肯定是你欺负我在先。

小明：我只是上课的时候和后面的同学讨论问题。

洁飞：对，可老师当时说同桌讨论，你把我扔在一边，我好没面子呀。

小明：可我们哪次讨论能顺利进行呢？你总是和我抬杠。

洁飞：（无语。）

小明：如果你能够稍微平和一点儿，我们之间也不至于像仇人一样。

……

交流到此，洁飞对小明的气愤情绪已经有效地控制住了，在与空椅子的交流中，洁飞澄清了许多误解和困惑，这为现实中与小明的交流奠定了心理基础。

问题澄清之后，我建议洁飞以积极的态度再与空椅子进行一次更深刻的对话。

洁飞：其实我也应该感谢你，你对我的态度使我不断地反省自己。

小明：别客气，我的确也存在问题，没有将心里的感受表达出来，而是那样对你。

洁飞：我知道以后在与人交往的时候要换位思考，不能太主观了。

小明：我也发现自己在处理人际关系中存在的问题。

洁飞：那我们以后相互提醒吧！

小明：好的，一言为定。

为了巩固洁飞对小明的不满情绪的释放，我对她进行了深刻的心理分析。洁飞是一位比较封闭的女孩，她各方面的情况都比较一般，很难引起同学的关注，于是她将希望寄托在同桌身上，因为同桌之间接触比较多，彼此体谅，她希望同桌可以将自己带出自我封闭的状态。遗憾的是，从小学到高中，没有一个同桌做到这一点。他们都不愿意与洁飞交流，小明上课时冒着被老师批评的风险回头与后桌说话，也无视洁飞的存在。洁飞的自尊心受到严重的伤害，与其说她痛恨小明，不如说她恐惧这种孤独的感觉。

洁飞内隐愿望和外显行为的不一致是造成她在人际交往中出现问题的根本原因。洁飞内心渴望与小明交流，希望得到他的关注，而表现出来的却是一种冷漠和漫不经心，甚至是苛刻或刁蛮。哪个男生愿意和这样一个女生交流呢？洁飞外表的冷漠遏制了同学与她的交流，她又将这种行为产生的孤独和怨恨强加给了小明。

希望得到别人的关注是非常自然的事，没有必要压制自己，去回避一些正常的要求。尽管洁飞没有谈及与女生之间的关系，但我感到她与女生的关系也不会太好，不然就不会这样在乎同桌了。我建议洁飞先主动与女生交流，作为走出自我封闭状态的突破口。我告诉她，在交流中要让同学们知道自己在想什么，同时也应该知道他们在想什么，给自己创造一个和谐的人际氛围。洁飞有了与女生交流的经验，再应用到与同桌的交流中，自然会收到比较理想的效果。

人际交往能力是一个人十分重要的能力。同伴之间的交流可以增加内涵，拓展知识面；用真诚的目光欣赏周围的人，慢慢地就可以加入他们的阵营；交流还可以让你走出自己封闭的小圈子，拓展自己的生存空间。

心灵作业

你可以给自己专业的心理支持

指导语：在回答问题之前，请先检视一下你当下的状态：

● 你身处于一个安全、安静的空间，不会有人唐突地打扰你。

● 你至少有1小时可以放下所有事情，关闭手机，全身心地思考和回答以下问题。

第一步：列出目前困扰自己的问题清单。

请你列出最近一周以来困扰自己的事情，尽量多写，并给出这些困难给你的日常生活带来的危害的得分。1分表示最少，10分表示最多。

第二步： 请解读这些困扰你的问题。以下几项为提纲：

1.你的问题处于你生活轨道之内还是之外?

2.这个问题给你带来怎样的情绪反应?

3.你有过解决这个问题的经历吗?

4.当时你的情绪感受是怎样的?

5.这件事给你的现实生活带来了怎样的伤害或损失?

6.通过你的努力，这些问题可以改善吗？如果可以求助，你打算向谁求助?

心灵测试

焦虑度测试

请认真阅读下题，根据自己的实际情况选出符合的项目，做上标记，然后再根据后面的计分方法算出得分。

1.对于新的变化我都会感到忧心忡忡。

2.面对每一个有助于成长或能够展示自己的机会，我都会跃跃欲试。

3.我只关注积极的方向，忽略消极的方向。

4.我对自己的各种表现总是不满意，有种紧张或受挫的感觉。

5.“债多不愁”，相信任何事情都会自行好转。

6.我特别渴望得到他人的尊重和羡慕，为此我会做自己并不喜欢的事情。

7.我会尽力寻求满足、舒适和安全的感觉。

8.我争强好胜，言辞激烈，希望从气势上彻底打垮与自己有不同意见的人。

9.我尽力逃避一切冲突，希望大家一团和气。

10.我总是觉得其他人跟不上自己的思路，对那些人缺乏耐心。

11.我不计代价地去寻找一种可以不伤害双方，并进行和谐沟通的感觉。

12.我按照自己的标准评定事情的正确性和价值感。

13.我很难接纳自己的情绪。

14.我总是不自觉地质疑别人的动机，担心自己被利用。

15.面对他人的不同观点，我难以坚持自己的主张。

16.我的脾气不好，经常随意宣泄自己的负性情绪。

计分方法：

选择单数题目计1分，双数题目计−1分。

分数解析：

4～8分：你属于焦虑不足。

−4～4分：你属于焦虑适度。

−8～−4分：你属于焦虑过度。

成长方略：

请积极地自我对话：

1.我属于焦虑不足、适度焦虑还是过度焦虑？

2.我的家庭成长经历是如何影响我的焦虑体验的？

3.孩提时期的什么事件仍在影响我的焦虑体验——积极的或消极的？

4.举出三次自认为焦虑的人生经历，以及当时自己是如何处理这些焦虑的？

5.有助于我管理焦虑的个人品质是什么？

6.不利于我管理焦虑的个人品质是什么？

7.我具备哪些自我肯定的理念与期望？

8.我存在哪些自我否定的理念与期望？

9.如果把不健康到健康划分为1～10个级别的话，我的焦虑水平在哪个级别？

10.如果让我改变自己与焦虑的关系，我会做些什么？

第三章

情商的高度决定未来人生的高度

在日常生活中，有的人“高开低走”，学生时代因智商高而成绩优异，拥有名牌大学的学历，但进入职场却因为不善于管理情绪，不知如何与人相处，愤世嫉俗，充满负能量，觉得生活异常艰辛，有的甚至退回家中，不再参与社会竞争。也有的人“低开高走”，学生时代成绩平平，但乐观开朗，给周围人带来温暖，拥有广泛的朋友圈，充满正能量，人际关系和谐，拥有蒸蒸日上的事业和幸福的生活。

情商决定了一个人的事业成就和生活的幸福。现代科学研究显示，智商是相对稳定的，但情商是动态的，每个人都可以练就高情商，只要及时开始训练，什么时候都不晚。

丽珊情商—智商互动模型帮你练就高情商

心理学家戈尔曼提出情绪智能（EQ）概念，它是指一个人的感受、理解、表达、控制和运用自己与他人情感的能力。也就是说，作为一个高情商的人不仅要感受、理解、表达、控制和运用自己的情绪，还要感受、理解、表达、控制和运用他人的情绪。

戈尔曼的研究结果呈现：智商和技能决定了你适合做什么事或从事什么职业，而能否获得成功则要看情商。

成功=智商（20%）+情商（60%）+其他（20%）

其他因素包括：家世背景、社会环境、事业领域、个人机遇等。

情商对于高层管理者来讲更加重要，占比达到85%。

智商和情商之间到底是怎样的互动关系呢？是否有规律可循？我通过搜集大量文献，结合上万个案例实践，逐步整理，制作了丽珊情商—智商的互动图（如下图）。

丽珊情商—智商互动图以情商为横轴，智商为纵轴，建立一个坐标，划出四个区域，因为智商和情商不存在负值，所以我们的坐标系只在第一象限。圆的部分是舒适区，大多数人都在舒适区，越向两极发展特点越明显。

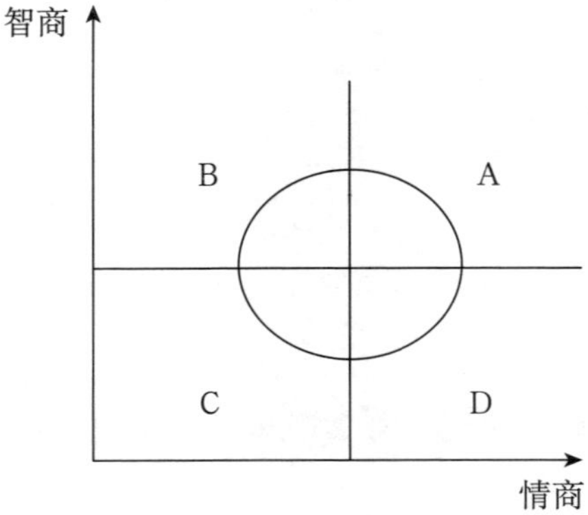

丽珊情商–智商互动图

A区域——“春风得意”

甲先生：智商高，情商也高。

因为有很好的智力基础，上学时成绩比较优秀；又由于情商高，情绪管理能力强，人际关系和谐。只要有明确的方向感，基本上没有内在自我的消耗，无论是学生时代还是进入职场，都能顺风顺水，获得成功。

B区域——“怀才不遇”

乙先生：智商高，情商却低。

乙先生的聪明劲儿可能与甲先生不分上下，说不定在智商上还会比甲先生略有优势。乙先生的学生时代应该算是人生中最顺利的时光，因为学习成绩好，情商低的弱势往往被高分数掩盖。但升入大学、进入职场之后，情商低的短板则越来越突出。因为无法有效管理自己的情绪，无法协调与周围人的关系，很难成就事业，陷入怀才不遇的处境。

乙先生是人群中最痛苦的，因为高智商使他们拥有敏锐的洞察力，对世界的感知比其他人广泛而深刻。“一群傻子领导我这个聪明人！”是他们最具代表性的内心独白，他们愤世嫉俗，人际关系不和睦，陷入尴尬的境地，如此进入死循环……

案例分享

刘小姐在我担任心理顾问的一家美国能源公司任职，公司员工登记表上个人信息如下：34岁、本科、岗位级别7级（初级岗），在本公司工作1年。这些信息暴露了她的职场窘况。在外资企业里，岗位级别与收入是完全挂钩的，一般34岁应该是中级管理者了。刘小姐的问题到底出在哪里呢？带着问题我和她见了面。

刘小姐属于典型的强势外露，一见面她就快言快语地说自己各种不顺。22岁名牌大学毕业后进了一家国企，“我是××中学毕业的，您知道那所学校（天津有名的重点高中）的风格吧？我们智商高，反应快，不愿意与笨人交流。”刘小姐反感国企的暮气沉沉，连续两年考评倒数第一使她不得不选择辞职。她认为美国企业更适合她，于是选择了一家美国药厂，却因为无法与老板相处辞职……她已经跳了六次槽，频繁的跳槽使她的简历非常不好看，岗位也越来越低。她希望找一个可持续发展的公司稳定下来，但现在她又无法容忍26岁的部门经理对她的各种要求。“小毛孩子，名不见经传的学校毕业，还在我面前指手画脚。”她咨询的目的是留下来忍受还是继续跳槽？

更让刘小姐焦头烂额的是，她老公认为她太过自以为是而拒绝与她交流，5岁的女儿也与她作对……

C区域——“平庸一生”

丙先生：智商低，情商也低。

大家看过电视连续剧《阳光的快乐生活》吗？剧中的阳光和条子都是典型的丙先生，他们智力水平、自我期待和社会地位都可以用“一般般”来形容，尽管他们也有过幻想，也渴望能够一夜暴富，但他们的生活和工作依然维持在低水平，他们依然按照自己习惯的方式轻闲度日。他们把

“人家有本事的人……人家有钱人……”作为口头禅，将自己从成功的阵营中自动区分开来。

D区域——“贵人相助”

丁先生：智商低，但情商高。

尽管丁先生的智力水平不太高，学业成绩也不优秀，但因为他的情商高，能够协调人际关系，总是乐呵呵的，周围的人也会被他的情绪所感染，其乐融融。

案例分享

20世纪90年代初，我的一个学生孙东朝，他在初中时超前学习，中考以优秀的成绩考入耀华中学。但自高一年级下学期，他的成绩就稳定在班里最后了。孙东朝有过短暂的焦虑，但马上找到了自己在班里的位置，终日乐呵呵地为大家服务，承包了班里的卫生。有一次，我问他累不累，他说：“同学们才累呢，学习是最辛苦的事情，我的成绩不好，就为大家服务吧，让他们有更多的时间去学习，成绩再提高一些，弥补我给班级平均分带来的损失……”老师们都很喜欢他，进入高三年级，老师针对他的实际情况给他布置个性化作业；同学们将自己总结出来的学习方法与他分享……高考时，孙东朝以580分（当时高考总分是640分）的高分考入了天津大学。孙东朝经常和我说：“我妈妈说我是傻人有傻福，妈妈还告诉我‘有人缘儿才能有饭缘儿’……我带着全班同学和老师的智慧走进考场，他们都是我的贵人呀！”现在的孙东朝已经是一位高层领导干部了。

“谁是我们的贵人？”我在上课时经常问学生这个问题。许多人误认为贵人是拥有权力、能够掌握别人命运的人。如果真的是这样，那贵人就太少了。请问，当你情绪低落时，有人给你一个微笑，让你感觉自己并没有被所有的人抛弃，那个人算不算是你的贵人？当你摔倒了，有人把你扶起来安顿好，那个人是不是你的贵人？当我们调整了对贵人的界定标准，贵人随处都是。

“如何遇到我们的贵人？”经常有人叹息自己一生都没有遇到贵人，其实，贵人是我们自己培养出来的。在高三冲刺阶段，学生之间都不自觉地建构“知识壁垒”，但为什么对孙东朝开放呢？你可能会说孙东朝的成绩不好，不构成任何竞争。就算这样，人家也可以将给他讲题的时间用于自己的复习嘛。真正的原因是孙东朝为大家奉献了爱，自己无偿的付出为大家争取了更多的学习时间。谁都不愿意单方面地获得他人给自己的馈赠，所以大家就用孙东朝最需要的知识、分数来回报他。孙东朝的高情商为自己培养了那么多的贵人。

找到情绪来源，解决情绪问题

情绪是对人类影响最深刻又最容易被忽略的东西。有些人认为情绪来无影去无踪，受外界的人、事、物的左右，由此成为情绪的奴隶，承受着负性情绪引发的困境和痛苦。其实情绪主要来自三个方面：

一、遗传天性

人脑是由脑干、小脑和大脑三部分组成。脑干控制条件反射机制，心跳、血压、四肢运动以及内脏功能；小脑综合管理身体姿势、运动状态等信息，并利用这些信息协调四肢运动。大脑分为左、右两个半球，由它控制诸如语言、记忆、思维等功能，并负责综合处理来自各种感官的信息。杏仁核、海马体、下丘体、脑垂体被大脑皮层包裹在人脑深处，形成“情绪脑（边缘系统）”。

我在日常的心理咨询中发现一些亲兄妹、表兄妹在某些心理反应上存在相同性，只是呈现的具体行为、年龄不同。比如哥哥过度焦虑时，妹妹表现出乐观开朗，但当压力来袭，她的焦虑方式则与哥哥如出一辙。这既与遗传有关，又与他们的成长环境相似有关。

二、个体发展

除了遗传基因之外，还有其他因素影响着人的情绪管理。

不知道你是不是有过这样的感受，和某人初次见面，事先你没有对方的任何背景资料，但是你依然会产生各种情绪感受。其中有两种比较极端的情况，一是强烈的亲切感，希望能够多与其交流；二是强烈的排斥感，莫名其妙地反感对方。为什么会出现这样的情况呢？下面呈现的精神分析流派的“人的内在冰山”能够帮助你揭开这个谜底。

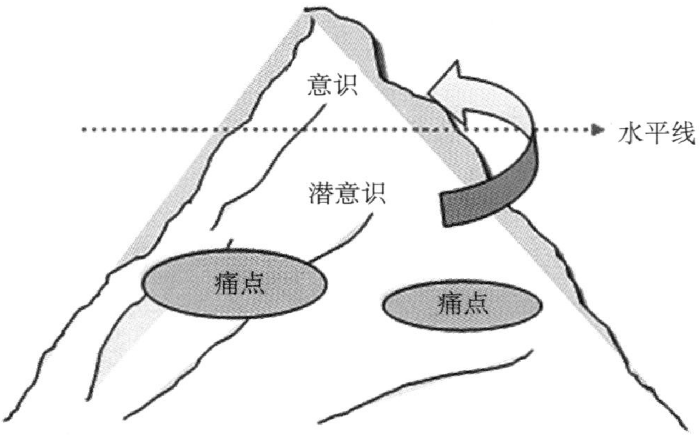

人的内在冰山

如上图，我们看到一座冰山，水平线以上是意识，是我们能够意识到的事物，但非常遗憾，它所占的比例很小，只是冰山的一角；水平线以下是潜意识，是我们不能够意识到的事物，却占很大的比例，恰恰就是这些我们意识不到的东西影响着我们。

在日常生活中，我们还会有这样的体验——平时性格很温和，但一遇到某种特定的情境就会怒不可遏，难以自控，极大地破坏了自己的公众形象，事后还特别后悔。如果没有有效地处理，下一次遇到同类问题依然会重复此前的行为。这是为什么呢？事实上，是那个特定的情境点燃了你潜意识中的痛点。痛点是如何形成的呢？通过大量的心理咨询案例，我对痛点的形成进行了归纳和总结，主要有以下三个方面：

1. 来自母体

在母亲的子宫里接收到的负性信息会形成痛点，比如，有的孕妇在怀孕期间受到惊吓，孩子出生后会比较胆小，或遇到同类事情就会表现出惊恐；再比如，怀孕期间，父母对孩子不欢迎，也会在孩子的潜意识中形成被抛弃感。

案例分享

20世纪90年代中期，我参加一位美国心理学大师举办的自我心灵成长课程，课程收费很贵，一天的学费相当于普通工作人员三个月的工资，连续十天课程的费用让每一个学员都希望分分秒秒地跟随大师，将大师所讲的话全部镌刻在大脑中。

美国大师很在意自己的知识产权，不允许学员录音，一旦发现有违规者，他就会停止讲课，耽误的时间不再补上，用公众舆论来惩罚这种违规行为。有一次，一位20多岁的女生将录音笔藏在衣服的袖口里，那个时代的录音笔敏感性差，需要对准发声者，女生不断地调整方向以便录上大师的授课内容，大师发现后马上停止授课。大家将愤怒的目光投向那个女学生："快关上吧，别影响教师讲课！""怎么这么讨厌呀……"女学生赶紧将录音笔关上，做出专注听讲的样子。当一切归于平静，她又悄悄地将录音笔打开……又是一个循环……她的行为不仅影响了大师的情绪，也让全体学员处于紧张和焦虑之中，不知道课程何时又会被强行叫停……她成为"公众敌人"，课间没有一个人和她说话，分组讨论时，没有小组接纳她。奇怪的是，这样的环境不但没有让她有所收敛，反而"越战越勇"。大家在对她反感的同时也充满了好奇，为什么她会这样呢？

在课程的后期，大师讲授催眠技术，并通过催眠挖掘出我们潜意识中的“痛点”。当时大师将我们催进了“母亲的子宫”，大师引导我们和母亲一起用力，以便自己顺利出生。突然，一阵凄厉的哭声将我从催眠状态中唤醒，只见那个女生满脸惊恐、战栗地哭喊着，几乎所有的学员都因为她的哭声被动醒来。

无意间，我看到一个男生，他依然停留在催眠状态，满脸幸福，咯咯地笑……

大师问哭喊的女生当时看到了什么，女生虔诚地对大师说：“我听从您的引导，和母亲一起努力，我真的出生了，我看到了两个人，但他们都没有脸……”说到这里，她又开始惊恐地哭泣起来。且不说一个婴儿态的孩子看到两个没有脸的人，就算我们成年人看到这样的场景，也够毛骨悚然的了。大家猜想她这次可能不是存心搞怪吧！

当她的情绪平静下来，大师带领她回忆出生的细节。她说她的父母在决定离婚时发现怀孕了，但那个时代要想流产必须要单位和家庭所在的居委会同时开具证明。这件事情无法瞒着老人了，老人禁止他们离婚，他们不敢违背父母的命令。但在他们的心目中，孩子可不是什么天使，而是讨厌鬼，是阻碍他们各自奔向新生活的绊脚石……母亲每天做剧烈运动希望能流产，父亲对她更是不闻不问。父母拒绝的态度在她潜意识中留下了被厌恶的划痕，并由此产生强烈的被拒绝的弱势感。父母对她采取不接受的态度，所以她看到的是无脸人。不被接纳的人总是会以“反社会”的行为来回应貌似强大的外界社会，她在课程中的行为找到了谜底——

她偷着录音的初衷可能是为了以后自己有机会再听，重温课程，但当她无意中发现这种行为能够让大师停止讲课，引发同学的愤怒，她感受到自己的力量和“价值”，后面的录音已经不再是为了复习，而是为了激怒周围人，彰显自己的破坏力。

我在日常的心理辅导过程中，发现许多“校园霸王”，以及人际关系不良、对周围人构成伤害的学生，他们都有过类似的“弱势经历”。

而那位咯咯笑的男生是一个自信心满满的人，在他的心目中，自己被所有的人喜欢。他的自信心像是具有超强弹性的皮球，拍下去就会弹起来，打击的力量越大，反弹的力度也就越大。

中午吃饭时，我问他在催眠中看到了什么？他说：“我看到父亲穿着蒙古袍子，在草原上托着我欢快地旋转，嘴里不停地喊：‘我终于有儿子了！我终于有儿子了！……’”他家有两个姐姐，父母一直期待着生个儿子，母亲怀孕时，父亲天天和他说话：“儿子，你快出来吧，爸爸一定要有个儿子……”这种经历在他的潜意识里植入一个信念：“我是受人欢迎的人！别人都是发自内心喜欢我，哪怕表面上拒绝，其实内心也是喜欢我的。”他用善意解读每一个人。

这次上课的经历给我最大的收获是，最有效的胎教就是父母每天都和胎儿交流，对他的到来表示由衷的欢迎。胎儿感受到自身的价值，奠定了他最原始、最稳定的自信心。

2. 来自幼年期的“早期决定”

幼年时期负性情绪没有得到充分释放而被深埋进潜意识之中，会形成痛点，成为一生难以走出的阴影。比如产后抑郁的母亲抱着孩子掉眼泪，忧伤或烦躁的情绪就会被孩子的潜意识记录下来，由此产生不安感，将幼年孩子寄养他处，产生双原生家庭现象。

案例分享

刘彩霞曾经是一个留守儿童。父母在她6个月大的时候把她托付给奶奶，然后去城里打工了。刘彩霞与奶奶相依为命生活了6年，妈妈将她接到城里上学，在她的心目中奶奶是世界上唯一的亲人，她恨妈妈将她与奶奶分开。进了城里，妈妈又将她送到寄宿学校，她不明白这个女人为什么总是左右自己的生活。在新的学校里，学生笑话她的乡下口音，不伦不类的衣服……她将所有的痛苦都记录在妈妈“抛弃”她的账上。幸好她念书努力，小升初时考入一个比较好的中学。随着视野的开阔，她下定决心要努力学习，以后一定不能过父母这样的生活。成绩优异让她对自己有了信心。

进入重点高中之后，她发现周围的同学学习能力超强，而且非常有见识，她根本就听不懂同学们讨论的话题，她觉得让自己出类拔萃的希望很难实现了。刘彩霞再次产生了被世界抛弃的感觉，就像小的时候，别的小朋友都有妈妈、爸爸，而她则没有……她每天生活在痛苦之中。她坚定信念：我要成功，比所有人都成功。她时刻在心里提醒自己：“他们有父母的爱，就算他们不成功，还能有父母，而我呢？我什么都没有，我只能获得成功。”她焦虑得难以专注听讲，无法和同学交流，还出现了睡眠障碍。

被父母寄养他处的孩子内心都会与原生家庭疏离。所谓原生家庭，是指孩子与父母生活在一起的家庭。按照这个概念来看，一个人应该只有一个家。但将孩子寄养他处无形中给孩子增加了一个家。两个家庭无论是价值观还是行为方式都会存在差异，孩子要遵循哪个家庭的规则呢？这无疑给孩子造成了混乱，有的孩子拧巴，有的孩子钻空子。几乎有过寄养经历的孩子都认为父母不爱自己，他们潜意识中会形成许多痛点，在现实生活中十分容易被激惹，无法控制自己的情绪。

早期的情结和孩提时的经历构成了自我意识和解读这个世界的基础色彩。但不用担心，功能性障碍的家庭比比皆是，很多人都需要去克服不同程度的功能障碍。

3. 来自成长经历

中国人崇尚“忍”字文化，认为宣泄负性情绪是没有修养的表现，强行将负性情绪压到心里，觉得时间会淡忘一切。其实，这么做是将负性情绪由意识层面压到潜意识层面，形成痛点。痛点像隐形炸弹，一旦再次遇到同类情景，炸弹就会被点燃，引发强烈的情绪反应。而每次痛点的引爆都势必会造成现实层面的危机或损失，放大痛点；痛点就像一个伤疤，每次被撕开后创面就会进一步增大，这就意味着未来被点燃的概率会逐渐增多。那些难以控制自己情绪的就是内在痛点太多的人。大家可以通过下面的例子了解到痛点给人带来的危害。

案例分享

王老师善良、宽容，在她的眼中每一位学生都很可爱，她做班主任的最高境界就是和学生其乐融融，从来不和学生发生冲突，但这位善良的教师却遭到一个学生的挑战。

王老师担任班主任的新高一班中有一位叫韩童的男生处处和她作对，她在前面讲话时，韩童在下面肆无忌惮地与她唱反调。王老师不知道韩童为什么要这么做，也不知道该如何安抚他。开学刚半个月，王老师已经对上课感到发怵了……

心理教师是不能主动邀约学生谈话的，为此我特意调整了他们班的教学计划，提前讲“人的内在冰山”。下课后，韩童主动和我交流，说他第一次见到王老师就特别反感，想和她斗争到底。

韩童小学时是班干部，因为和老师们接触得比较多，于是对老师的敬畏少了，亲切多了，说话比较随便。升入初中之后，他依然对老师敬畏不足，有一次他非常放肆地开了一个玩笑，伤害了班主任的自尊心，班主任对他进行了严厉的惩罚，给他内心造成了极大伤害。抱着中考考入名校的信念，韩童如愿考入耀华中学。遗憾的是，进入高中后韩童发现王老师和初中班主任不仅长得很像，而且连说话的声音都如出一辙。

韩童的痛点被击中了……

韩童明白了自己对王老师负性情绪的来源之后，主动找王老师承认了错误，从此师生关系变得很融洽。现在韩童在美国加州伯克利大学任教，一直和我、王老师保持着联系。

人的内在冰山理论对于我们每个人都十分重要，当我们出现异常情绪的时候，不妨问一问自己，潜意识中是不是有痛点被点燃了？本讲的心灵作业将会带你拜访你的内在痛点，并教你如何有效地消除它。

三、内在誓言

在成长的过程中，有一些事情或经历会激发我们内心深处的信念和期望，对人的价值观和世界观形成一种预示，它们决定了什么会让我们在意、恐惧、焦虑及其程度。这就是内在誓言。内在誓言一旦形成，就会影响到我们解释和定义自己的各种经历。比如，一个孩子小的时候看到父母因为缺乏理财意识而使生活处于窘迫之中，他就可能会产生一个内在誓言："长大后我一定要尽力地存钱，让自己在资金方面永远有储备。"这个孩子长大之后就会固执地存钱，可能成为理财高手，也可能成为守财奴。

一个孩子总是听到周围的人说："只有考上名牌大学才能有出息，才能过上富足的日子。"一旦他身边学习好的学生得到大家的追捧，学习不好则过着没有尊严的生活，他就会形成内在誓言："成绩好才能过上好日子，成绩不好生不如死。"在这种内在誓言的驱动下，他会刻苦学习，如果他能够把焦虑控制在合理的范围内，就会成为不用扬鞭自奋蹄的学生；

如果他焦虑过度，则会出现心理问题。这恰恰暗合了有过优秀生经历的人更容易因为环境变化而出现心理问题的规律。

信念与期望如果是积极的、自我肯定的，就会推动我们走向成功。反之，如果是消极的、自我否定的就会阻碍我们进步。所有的事情都是一个度的问题，一旦过度，好的东西也会朝着负向发展了。

适度焦虑会让我们更具成长力

我们往往把焦虑当作坏东西，每当进入焦虑就会恐慌，有的学生为了焦虑本身而焦虑。其实所有的事都存在一个度，过度焦虑肯定是问题，但焦虑不足同样也是问题。在现实生活中，你完全可以接受适度焦虑，并在适度焦虑的引领下收获更多的成果。我们看看焦虑的三张面孔吧——

一、焦虑不足：满足的面孔

在第二章的《焦虑度测试》中，如果你的测试结果为焦虑不足，请阅读下面的四种分类，看看自己属于哪种类型，只要你根据“丽珊建议”更新理念并采取有效的行动，你会将自己调适到适度焦虑的状态。

1. 理想主义者

学生时代的他们：终日乐呵呵，成绩不好时不能寻求老师的帮助或学习方法的改进，而是始终认为：“我现在没有努力，只要我开始努力，班里学生都不是我的对手。”

建议：保持积极和乐观，同时关注现实，脚踏实地，积极寻求解决问题的方案。

2. 超然世外者

学生时代的他们：往往喜欢某一学科的知识，大量阅读此类书籍，在学生中他们很难找到志趣相投的朋友，他们沉浸在自己的世界之中，自得其乐。低年级时，他们会因为“听话”“爱看书”而被成年人认为是好孩子，但随着年级升高，严重的偏科影响了学业的全面发展和考试的总分成绩。他们会用自己爱看书来解释成绩不好的现实。

建议：客观、理性看待学业，同时与老师、父母和同学保持真诚的情感交流。将自己优势学科的学习方法和热情迁移到其他的学科中进行学习。

3. 过度逢迎者

学生时代的他们：竭力维护人际关系是他们的最高追求。他们会如数家珍一般说出周围同学的爱好，却没有耐心去听课和学习。他们表面上属于“工作能力强”“人际关系好”，但实际上是缺乏人生的方向。他们属于“陪练型”学生，只是同学们阶段性的开心果而已。

建议：在积极参与班级活动，与同学保持良好互动的同时，也要认真面对自己的学业，建立独立的人格，为自己的人生负责。

4. 谨小慎微者

学生时代的他们：经常表现出忧心忡忡的样子，总是和老师讨教学习方法，希望找到一种投入最少、收获最多的学习方法，他们最常说的一句话是：“您说这种方案肯定没有问题吧？您之前辅导过的学生是不是和我一样呀，能百分之百成功吗？”

建议：维护现有的稳定状态，谨慎决策，同时要敢于行动，并在行动的过程中学会调整自己，只有通过自己的不断摸索才能获得适合你的方法。放之四海而皆准的好方法本身就不存在。

二、焦虑过度：恐惧的面孔

如果你属于焦虑过度的人，请阅读下面的四种分类，看看自己属于哪种类型，并根据“丽珊建议”将自己调适到适度焦虑的状态。

1. 以自我为中心者

学生时代的他们：因为自己在某些方面比别人优秀而无视他人的感受，完全按照自己的意愿做事，他们既看不到自己的不足，又无法容忍别人的缺点。一旦他们丧失绝对优势就会有崩溃的感觉。

建议：虚心地听取他人的意见，这样你才能收获更多。

2. 完美主义者

学生时代的他们：低年级阶段因为成绩优异而成为学生的楷模，并经常得到老师的夸奖。随着年级的升高，一般到了初三因为无法“完美”地完成老师布置的任务而处于极端焦虑之中，严重的会在“不成功的结局”到来之前辍学，放弃大考、高考。

建议：追求卓越的同时也应接受自己和他人的不完美；放眼人生的大目标，而不要沉浸在小目标的患得患失之中。

3. 暴君型

学生时代的他们：总是无法控制自己的情绪，他们在不经意间就会摆出一副不可一世的样子，当众批驳同学的观点，还会挑战老师，情绪经常处于高度波动之中。

建议：保持竞争力和目标导向，同时尊重他人的需求和权益。

4. 多疑者

学生时代的他们：不信任周围任何人。当学习出现问题时，他们不会从自身找原因，而是归因朝外，指责他人的失误。

建议：保护自己的权益，在学习中独立思考，这些都是对的，但同时也要信赖他人，做一个值得他人信任的人。要注意情绪管理，避免被周围人抛弃。

三、适度焦虑：成功的面孔

适度焦虑的人具有哪些品质呢?

1. 现实主义和乐观主义

所谓的现实主义，是指追求真理、用事实说话。现实主义者能接纳自己的优点和缺点、喜悦和恐惧、胜利和失败，他们具有学习的精神，善于自我反思，以使自己与现实生活更加密切地连接。

乐观主义是指对未来充满梦想，坚信明天一定会比今天好。乐观主义者始终对自己的信念及改善现状的能力充满信心，他相信每个人都能把握自己的命运，并与周围环境形成了良性的互动模式。

2. 建设性和紧迫感

适度焦虑的人从不无端抱怨，他所做的一切都围绕着建设性意见展开。因为只有听取了建设性的意见才能增强自己的实力，才能真正地营造内心的安全感。适度焦虑的人放眼全局，而不会纠结于一些细枝末节的问题和日常琐事。

所谓紧迫感，是指不断地拓展自己的能力，大胆地设置长期大目标，缜密地制订小目标。他们具有一定的时间管理能力，让自己在单位时间内做更多具有建设性的事情。

3. 谦虚和自信

谦虚是对外的，他们懂得聆听，与周围人建立良好的人际关系；谦虚的人能够站在他人的角度考虑问题，将温和与宽容的态度传递给周围的人。

自信是一种态度，拥有自信的人坚信自己能够与周围的人和谐相处。

提高沟通力，你会成为更优秀的人

什么是沟通力？沟是手段，通是目标，力是能力。通过各种手段，使彼此信息交换通畅，情感交流充分，最终达到沟通目标。积极心理学关于沟通的前提假设有以下几种。

第一种前提假设：有效比有道理更重要。

在三赢（你好、我好、世界好）的原则基础上追求效果，比坚持对与错更有意义；讲道理往往是把焦点放在过去的事上，注重效果把注意力放在未来；只追求有道理但无效果的人生，难以有成功和快乐的体验。

第二种前提假设：沟通的意义取决于对方的回应。

沟通没有对与错之分，只有“有效果”和“无效果”之分；说什么不重要，对方听到什么最重要；改变说的方法，才有机会改变听的效果；在很多情况下，给人留下深刻印象的不是说的内容，而是说的方式和气氛。

第三种前提假设：重复旧的做法，只会得到旧的结果。

做法不同了，结果才会不同；改变自己，别人才有可能改变；世界上的事物都在不断变化，不肯改变的人将面临被淘汰或失败的威胁。

第四种前提假设：凡事必有至少三个解决方法。

认为事情只有一种解决方法的人，则会陷入困境，认为事情有两种解决方法的人会陷入两难之中。沟通能力强的人则会认为，没有办法只是说明已知的办法行不通，应该去积极探求新的解决问题的办法。

“没有办法”给事情画上句号，“总有办法”则使事情有了突破的可能。每个人可以成为第一个找出办法的人。

第五种前提假设：在任何一个系统里，最灵活的部分最能影响大局。

最灵活的人往往是最有能力的人；自信越不足，坚持某种模式的态度就会越强硬，灵活是自信的表现；容许不同的意见和可能性，便是灵活；在一个群体中，固执使人紧张，灵活使人放松；灵活不代表放弃自己的立场，而是容许找出双赢的可能性。

能够进行良好沟通应具备三方面的能力：一是良好的聆听力。你不仅要听明白对方说的内容，还要领会对方传递的情感、情绪，和对方进入同一个频道。二是表达能力。你要将自己的意思准确无误地表达出来，同时通过语音、语调和身体语言来传递你此时此刻的情绪和情感，并感染对方。三是情感的传达能力。沟通力强的人除了具备深厚的知识储备、丰富的人生阅历、理性的思考、稳定的情绪，还要善于表达情感，以情动人。

一、听的五个层次

听的五个层次由低到高依次为听而不闻、虚应故事、选择性地听、专注地听和设身处地地听。

第一层次：“听而不闻”，是指完全处于自己的主观世界之中，根本没有听到对方所说的，往往目光游离。这种状态对方能够明确感受到，并令对方抓狂。有的学生违反规定，当他被老师批评时就摆出一副听而不闻的姿态，任你晓之以理动之以情，我自岿然不动，更有甚者还各种小动作不断，这无疑会激怒老师，使老师从就事论事升级为对该学生的全面否定，将之前的一些老账翻出来，直至请家长到校……如果你不想激惹对方，就别“听而不闻”。

第二层次："虚应故事"，是指表面上仿佛在听，还适时地给予回应，比如回答"噢、明白、知道……"，实际上根本没有用心听。

有的孩子回到家兴致勃勃地与父母分享学校的各种奇闻逸事、小伙伴间的纷争、偶像的最新动态，父母却一直在忙着做家务，"妈妈，你在听吗？""噢，在听，在听……你为什么不去写作业呢？"

遇到这种情况，孩子意识到家长对他所说的事情并不感兴趣，通常有以下解决方案。

方案一：如果希望继续和妈妈交流此话题就要明确提出要求："妈妈，您能专注地听我说话吗？我认为这件事情对我很重要。"

方案二：用妈妈感兴趣的话题来吸引她："妈妈，这件事已经对我的学习构成影响了……"

方案三：进行自我反思：这个话题一定要说给妈妈听吗？如果觉得这个话题不说也罢，就可以结束交流了。

……

孩子激怒父母往往也是这种"虚应故事"，父母告诉孩子一些生活上的要求，他根本就没有听见，嘴里虚应着："哦，知道了。"可做事时依然故我，给父母的感觉是明知故犯，根本就不把他们说的话放在心上，不尊重他们。

第三层次："选择性地听"，是指双方进行沟通时，听者会根据自己内心的感受将所听到的内容进行筛选，比如自恋的人会选择对方所谈内容中夸赞自己的部分，而自卑的人则会选择批评或贬低自己的内容。

这就能解释什么是"说者无心，听者有意"了。在与对方交流的过程中，对方突然间生气了，往往是你说的话触碰到了他的痛点。在这种情况下，你最好问一句："刚才我说的话是不是有什么不妥？"及时制止负性情绪影响后面的沟通。

案例分享

张楠是一个高二男生，他自初中以来就很难与周围的人和谐相处，勉强升入高中之后，他的问题更加严重。他不但不与人交流，对同学间无意的肢体触碰也要睚眦必报；班上有几个不明事理的男生逗他，激怒他，他就会报警。学校里经常开进警车太有损学校的形象了，校长请来张楠的母亲，请她嘱咐孩子有什么问题可以找老师，找校长，但不要随便报警……张楠母亲也觉得他做得的确过分，就反复嘱咐张楠，张楠怒不可遏地喊："难道学校的面子比我的生命重要吗？他们打死我怎么办？"母亲无奈之下请我介入。了解了张楠的具体情况之后，我意识到这个咨询的难度，并明确地告诉张楠的母亲，第一次见面只要能让张楠接受我，建立咨询关系就算成功。调整张楠在人际交往中的不合理理念和行为则是持续咨询的任务。

第一次见到张楠，他几乎不看我，闭着眼睛坐在沙发上，我明显感觉到他的不配合。随着沟通的推进，他开始慢慢回应我，还给我讲了一些事情，他的表现完全超出了我的预期，我紧张的神经放松了，竟有些得意忘形。当他又跟我聊起一件事时，我竟然十分亲密地说："不是你想的那样，傻孩子！（"傻孩子"是我对朋友的昵称，在与关系密切的学生聊天时也常常使用。）"此话一出口，张楠气呼呼地站起来，说道："不谈了，走了……"

"天哪，我触碰到他的痛点了。"我的心里大叫。如果他此时从我的咨询室走出去，他不但不会接受我的辅导，而且会拒绝与其他咨询师见面，那他就无从得到帮助。我必须处理好这个危机。

我马上站起来迎过去，轻抚着他的肩膀，对他说："小伙子，对不起。是不是之前有人说过你傻？"他痛苦地点点头。

“那你跟我说说，他为什么说你傻呢？”我一边说一边将张楠拉回沙发。张楠小学六年级时因为成绩不好，数学老师总是当众说他是“大傻子”，班上同学也都取笑他，他认为周围人都欺负他，他必须尽最大努力保护自己……

第四层次：“专注地听”，指听到对方所说的内容，能够进行理性的分析，属于健康的聆听。

“专注地听”时要放下手中的一切事情，注视对方，身体稍微前探，表示对对方的话题感兴趣，让对方感受到，此时此刻他是最重要的。

第五层次：“设身处地地听”，指不仅愿意聆听对方所说的内容，而且还能感受对方的情绪，并给予对方心灵的慰藉。

前面案例分享中，当张楠说“不谈了，走了！”时，如果我和他解释“傻孩子”是我对朋友的昵称，他是不会接受的，但因为我能感受到他内心的愤怒和痛苦，读懂了他的内心，才有了后面的沟通和支持。

二、主动聆听的技巧

1. 用“开放式”提问获取信息

所谓开放式提问，是指提出内容广泛、范围较大的问题，对回答的内容限制不严格，给对方以充分自由发挥的余地。这样的提问比较宽松，不唐突，可缩短双方心理、感情的距离。开放式提问常用的词汇有“什么”“哪里”“怎么样”“为什么”等，常用的提问方式有“你能谈谈参加这个课程的感受吗？”“针对现状，你觉得应该在哪些方面改进呢？”“你能告诉我你最真实的想法吗？”等。

与开放式提问相对的是封闭式提问，对方回答的范畴比较窄，答案比较明确、简单，这种提问通常是为了缩小话题的范畴。这种提问指向明确，而且效率高，但难以获得更广泛的信息。封闭式提问常用的词汇有“能不能”“对吗”“是不是”等，“你能不能完成这个任务？”就是常用的封闭式提问的方式。

2. 复述对方讲话的内容

在交流中，复述对方的讲话内容会给对方明确的暗示：我不仅认真地聆听了你的内容，而且还能将你所说的话准确地讲出来。以此证明自己的专注。比如，听完对方讲话后，可以这样问对方：“你刚才说在学习上遇到了一些困难，是不是因为之前的基础不够扎实呢？”

3. 表达自身感受——回应你的态度与感受

表达自身的感受来向对方展示，你不仅听清楚了对方所说的内容，而且感同身受，拉近双方心理上的距离。

4. 使用试探性提问

只有了解了对方更多的个人信息，才能有稳定的交往，才能建立相互信赖的关系。但个人信息的获得要慎重，如果冒失提问有可能会让对方认为你是为了满足好奇心才和他交流的，那就会破坏信任关系的发展。可以采用试探性提问的方式与对方交流，比如可以这样跟对方说：“我父母年轻的时候工作特别忙，所以我小时候是和奶奶一起长大的。”如果对方和你有同样的成长经历，他就会跟着应和，你们会建立“同是天涯沦落人”的亲近感。

三、声情并茂地表达自己的想法

影响对方接收你发出的语言信息的因素包括：你的语气、语调和肢体语言。

1. 声音质量检查

有关声音质量研究的部门以令人不快的程度为标准，将声音质量进行了排名，按照降序进行排列如下：

- 嘶喊、抱怨或者唠叨声：44.0%。
- 高声调、吱吱的响声：15.9%。
- 咕咕哝哝的声音：11.1%。
- 语速太快：4.9%。
- 软弱无力的声音：3.6%。
- 单调乏味的语调：3.5%。
- 浓重的口音：2.4%。

上面提到的声音质量问题，你是否存在一个或多个？如果你发现自己存在问题，可以将自己的声音录下来反复听，并寻找改善的方法。

另一种改进途径就是去咨询发音教练。现在很多高端行业的职业人都会接受系统的发声训练，毕竟声音是我们的第二张面孔。

2. 肢体语言的规则

- 前倾。后仰发出的信息是冷淡或拒绝。
- 不要跷二郎腿。将你的双脚平放在地板上。
- 垂直握手。有的人握手时掌心朝下，使对方不得不以一种顺从的、不舒服的方式去握住对方的手掌。
- 适当的微笑。持续的微笑可能会被人认为过于软弱。
- 直接的目光接触。与人沟通时要有目光的接触，如果一味地回避目光会让对方不舒服。
- 镜像（模仿对方的身体语言）。这时的身体语言是说“我喜欢你的，赞同你”。

提高自己的沟通能力是一项艰巨的任务，观察一下你周围是否有善于沟通的人，和他成为朋友，在交流中观察他是如何与人沟通的，这对提高你的沟通力是有帮助的。

心灵作业

发现你的内在痛点

步骤一：为自己预备舒服、安全的环境

请布置一个温暖舒服、无人打扰的空间，让你的身体得以舒展放松，并且不会受伤。

当你布置好这些，带着珍贵的自己，选个舒服的姿势坐下，别睡着喔！这可是发现你痛点的好机会。

步骤二：给自己一个承诺，告诉自己愿意接受自己的痛点

也许你很少注意痛点的存在，别担心，痛点只是你珍藏起来的丰富情感，你应该允许自己探索、触碰。

步骤三：发现痛点

你认真地回顾一下，自己在什么情况下会表现出情绪失常，比如，平时你很温和，但在某种情况下，情绪会非常激烈。想起来了吗？请把事件和当时的情绪记录下来。

步骤四：回忆过往

回忆之前是不是有过同样的经历？

步骤五：抚慰情绪

给你的痛点写信。将那次事件给你造成的现实困难写出来，列举事件消极的影响和积极的意义。

祝贺你，你发现了自己的痛点，并进行了有效的处理。未来的日子里，你可以不断地重复这个过程，让一个个痛点浮出水面，并且得到彻底清理！

心灵测试

内在小孩状态测试

指导语：在回答问题之前，请先检视一下你当下的状态：

1.你身处于一个安全、安静的空间，不会有人唐突地打扰你。

2.你至少有十分钟可以放下所有事情，关闭手机，全身心地思考和回答以下问题。

如果你现在符合了心灵测试所需要的条件，请如实答题。

（计分方法：完全符合记2分，比较符合记1分，说不清楚记0分，比较不符合记−1分，完全不符合记−2分）

1.我很容易讨好别人。

2.在内心深处，我觉得自己似乎有问题。

3.当我为自己争取权益时，会感到不安，常会选择委屈自己。

4.我做事严谨，凡事要求完美。

5.我实在不知道自己想要什么。

6.我曾有或正有饮食困扰的问题，例如暴食或厌食。

7.我常不知道自己有什么感觉。

8.我常做任何事情来求得别人不生气或避免发生冲突。

9.我几乎从不表达自己负面的情绪，例如生气、难过。

10.我有睡眠困难的问题。

11.我常觉得人是靠不住的，包括我自己在内。

12.我很怕单独一个人，我愿意做任何事来避免独处。

13.我认为我常常做的事情，往往正是别人期待我去做的事。

14.要我关心别人比关心自己来得容易些。

15.我很好强，而且讨厌输的感觉。

16.我最怕遭人遗弃，我愿意为了保住一份关系而做任何事。

17.我内心深处藏有秘密，没有人知道。

18.我常觉得自己没有被公平对待。

19.即使躲在被窝中，我仍然没有安全感。

20.我从来不对别人显露出自己真正的情绪。

21.我不喜欢和人有身体的接触，即使是我亲近的人。

22.我表达生气、恐惧等情绪后，常会感到后悔。

23.在与人交涉时，常常不是完全放弃就是坚持按自己的方式（坚持己见）。

24.我常有莫名的负向情绪突然出现，例如恐惧、愤怒、忧郁等。

25.我的情绪起伏很大，有时像飞入天堂，有时又像掉入地狱。

26.我会重复做同一件事情，并且停不下来。

27.我会忍不住用伤害自己身体的方式来发泄情绪。

28.我会用酒、药物或不断工作来让自己感觉好过些。

29.在友情中，即使知道对方不适合我，我也离不开他/她。

30.我觉得自己在这个世界活得很不快乐。

分数评价标准：

−60～−30分，说明你的内在小孩非常强大，你的成长经历使你具有较强的承担能力。

−30～0分，说明你的内在小孩处于正常的状态。

0～30分，说明在你成长的过程中内在小孩曾经受到过伤害，但你生活的主流是好的，只是遇到特定的一些问题会表现出难以控制的状态。你可以通过自己的努力让内在小孩不断成长。

30～60分，说明你的内在小孩十分脆弱，请你与心理咨询师建立咨访关系，消除内在小孩的困扰，让你的生活充满阳光。

第四章

团结同学，让校园生活充满阳光

衡量人际交往品质的三个指标分别为：舒适区、亲密度、镜子效应。

舒适区：指人社交圈子的大小。你如果只与自己价值观相同的人交往，说明舒适区比较小；如果可以和不同类别的人交往，说明舒适区比较大。以包容的心态接纳周围的人，不断扩大舒适区是达成人际和谐的关键一步。

亲密度：指与交往对象的心灵距离。人际交往就像一个同心圆，圆心是本人，半径是心灵距离，离圆心越近说明双方的心灵距离越短。

镜子效应：朋友在一定程度上代表一个人的审美。朋友像一面镜子，能够照出你最深层次的价值取向。择友要慎重的道理不言自明。

与朋友心灵之间的距离：0.618

黄金分割（Golden Section）是一种数学上的比例关系，它具有严格的比例性、艺术性、和谐性，蕴藏着丰富的美学价值。黄金分割在人际交往中同样适用。

人际交往中的"缺氧"和"醉氧"

高原缺氧的症状是胸闷、头痛、呼吸急促；醉氧是习惯于在缺氧状态下生活的人来到正常环境中，因氧气充足而不能适应的现象，主要症状是萎靡、瞌睡。人际交往中同样存在"缺氧"和"醉氧"现象，这两种现象起因于个体心理需求：一方面为了获得自我价值感和心理安全感，需要与他人进行交往；另一方面个体需要在独处中反思、评价、调整和自我整合。

交往和独处对人的成长同样是重要的。一些人因为没有朋友，缺乏语言沟通，情感无所寄托而倍感孤独；也有一些人苦于人际交往过于频繁，无法拥有自己独立的时间和空间，心生厌倦，设法逃避。

多年来，我接待了大量的厌学学生，他们不去学校上学的导火线各不相同，但深究起来他们都有一个共同的特点，那就是在班级里没有朋友。曾有一位同学告诉我，他已经两周没有去学校了，却没有一个同学给他打电话。同学是我们心理支持系统中最重要的组成部分，多与同学和睦相处，当你遇到困难时，他们会伸出援助之手，把你从泥潭中拉上来。

案例分享

秀玫是一名高三年级的学生，还在班上担任班长，她曾经学习很努力，可成绩不升反降，她希望通过帮助同学来保住自己班长的位置。秀玫家的住房条件不好，每天放学后她都在学校念书，这让她有更多的机会和同学接触，为同学排忧解难的机会自然也多。文文成绩不好，表面上快乐，却向秀玫倾吐了内心的痛苦——她目睹了父亲对家庭的背叛，看透了世间的感情，用微笑来麻痹自己。秀玫的责任感被激发，她俩在校时面谈，回家后QQ谈……文文倾诉痛苦，秀玫帮助她分析问题，排解忧愁。最近，文文父母已经为她申请了国外的大学，文文坚决不走父母为她铺就的路，要以死抗争……秀玫把文文的痛苦告诉了班主任，希望班主任能够与其父母交流，而班主任却告诫秀玫应多关注自己的学习，及时遏制成绩下滑的趋势。

秀玫和文文之间的交流模式是“救世主”和“小可怜”的关系，这种友情模式对双方都是有害的。文文好像是这段友情的受益人，事实上强化了她的低自尊和小可怜的姿态，她为了维持她们之间的友谊而不错过自己的每一次情绪波动，并且将这种负性的情绪扩大化，生怕如果自己幸福了就没有和秀玫交流的话题了，毕竟秀玫要准备高考，心思随时都有可能从友情转移到学业上去。文文放大自己负性情绪的做法如果持续时间过长，对她的性格和人格发展都会产生负面的影响。

秀玫的学习成绩不理想，作为班长，她希望通过为同学排忧解难来体现自我价值，掩饰努力学习后成绩不升反降的落寞，文文的“痛苦”恰好给秀玫提供了一个“成就自我”的机会，她想用助人来掩盖学习上与他人的差距，并赢得老师的认同。

把精力过多投入外部世界，就无暇顾及自己的内心体验，无心反思自己的所作所为，无意矫正自己的缺点过失，缺少应有的自知之明。交往缺失和交往过剩对人的成长都是不利的。在交往中要保持一个独立的自我，既能享受友情的阳光雨露，又能体会独处的冷静理性，这是交往成熟化的重要标准。

案例分享

文翔是一名高二男生，他性格激进，常常得罪人，在班里只有樊铭像老大哥似的开导他，在他最无助时樊铭对他伸出了援助之手。文翔暗下决心，以后樊铭如果需要自己，他一定要赴汤蹈火。只是樊铭有时盛气凌人，说凭他的见识，他完全可以当文翔的长辈了，开始文翔听不惯，时间长了也就麻木了。文翔依然将樊铭视为知心朋友，当他与父母发生冲突时，就向樊铭诉苦，樊铭就说文翔父母没有文化。文翔觉得自己的父母是高级公务员，人也很好，可因为自己的一时冲动，竟然让他们受到了樊铭的侮辱。诸如此类的事举不胜举，但由于文翔在班里没有什么朋友，所以他离不开樊铭。文翔不明白樊铭怎么能随意蹂躏自己对他的那片真心呢?

人与人的交往是一种实力的较量，诚意待人固然很好，但不能过分依赖对方。在交往中要保持相对的独立，不能将家里的私事毫无保留地告诉别人。

青春期与父母意见不一致很正常，要想解决问题就必须与父母真诚交流，而不是和朋友声讨父母。这种行为有两个危害。

第一，容易被人欺负。朋友知道你与父母关系不和睦，在外面遇到困难不和父母说，你没有后援，成了人群中最软的“柿子”，谁都可以欺负你。

第二，容易被丑化。一个人对自己的父母都不尊敬，他会善待其他人吗？谁愿意与他做好朋友呢？

文翔需要修正自己与班里大多数同学的关系，如果激进是建立在真诚的基础上，大家不会有太多的成见。文翔需要做的是，不要因为与同学关系紧张而将自己孤立于人群之外。平和一下自己的心态，看问题不要只从自己的角度出发，也要学会换位思考。

“留白”是我国传统艺术的重要表现手法之一，即在作品中留下相应的空白，留有想象的空间。留白是一幅画作直击人心灵的支点；留白是一段友情历久弥新的关键。友情也需要给自己和对方留有空间。

你在人际交往中有界限感吗?

人际交往也要有界限。心理卷入度过高给对方压迫感；太过疏远又让自己难以与周围人建立良好的人际互动。人际界限存在四种比较极端的类型，除此之外，大多数人都在舒适圈里。

一、第一类，顺从者：不能说“不”

一味顺从的人对界限存在模糊感，他们会屈服于别人的要求与需求。一味顺从的人会为了与朋友“相处得很好”，而假装喜欢朋友所说的一切。他们会把自己和别人的相异性减至最低，以避免纷争。他们在生活里无法拒绝坏事，发展到无法分辨是非。当他们身陷危险的人际关系之中为时已晚。上文中的文翔就属于此类。他们不敢说“不”的理由是：怕伤害别人的感情，怕被人遗弃，怕与人分离，过于依赖他人，怕别人生气，怕被人说自私或不可理喻。

二、第二类，回避者：不能听“好”

他们不确定自己的需求，拒绝别人进入自己的世界。回避者在自己有需求的时候，往往选择退缩，不愿向别人寻求援助。

回避者认为界限是一堵墙，其实界限是一道“篱笆”。我们可以自由地享受安全的人际关系，可以避免有破坏性的人际关系。

三、第三类，控制者：不能听“不”

这类人不尊重界限，喜欢操纵别人，且具有侵略性。这种人又分为两种情况，这一种是侵犯性的控制者，他们明显不尊重界限，像一部坦克，硬是要从别人家的“篱笆”碾过去。他们根本察觉不到别人也是有界限的，他们要求别人为他们有所改变，要求世界配合他们那些自以为是的想法。第二种是操作性的控制者，他们试图说服别人放弃自己的界限，他们通过间接改变环境来达到自己的目的。

控制者往往内心是不安的，他们不相信别人会爱自己，所以用控制他人来满足自己内心的欲望。

四、第四类，没有反应者：不能说“好”

这类人听不到别人的需要。划定界限能够帮助我们设定自己的责任范围，让我们清楚什么是我们的责任，什么不是。而没有反应者则根本没有为自己划定界限，他们不需要为任何人负责，包括自己。

“君子之交淡如水”，在人际交往中一定要给朋友留有一定的空间。在你需要帮助的时候，真正的朋友会在你身边。你所选择的朋友应该喜欢真实的你，而不是因为你有利用价值才喜欢你。尽可能多交朋友，但不要将他们作为你生活的重心。也不要对自己要求太高，希望面面俱到，只要做你自己就行了。

本章后面的心理测试可以帮助你更好地认清自己，不妨抽时间测试一下。

你可以摆脱被同学欺负的困境

渴望交流但又不知应该如何交流，有的学生在集体生活中面临被欺负的局面。在日常的心理咨询中，凡是被欺负的学生往往有一些共性：说话没轻没重，不合时宜；经常说不着边际的狠话伤众；卫生习惯不好，身上有各种令人生厌的气味；爱做小动作、喜欢接下茬等行为影响到公众秩序；等等。当一个学生在集体中没有朋友，并激起众怒之后，很容易陷入被欺负的困境。

案例分享

刘小敏从来没有因为自己的家庭背景而感到自卑。刘小敏的父母是外来务工人员，一直靠收废品养家糊口，她是在垃圾堆里长大的，她从垃圾里找到许多好书、益智玩具。小学和初中，刘小敏的成绩始终是班里最好的，同学们都愿意和她玩，经过不懈努力，她考入市重点高中。

高一开学不久，有一天刘小敏因为生病没有到校，放学之后，班里的几位同学根据登记表上的地址找到她家。她的家里很乱，还摆放了很多她父母捡回来的垃圾，同学进来之后，表情很奇怪，她第一次因为家庭状况而感觉到尴尬。此时妈妈从外面走进来，扯着嗓门和大家打招呼，同学们的惊愕升级，他们没有说什么就走了。

刘小敏病好回到学校，她进教室的时候女生们正凑在一起听佳莹绘声绘色地讲着什么，当看见刘小敏进来，她们稍微停顿了一下，小敏马上意识到她们说的与自己有关，心里很不自在，虽然坐到了座位上，但耳朵却在她们那里——

“那样的房子我只有在电视剧里看到过，黑暗潮湿，味道臭臭的……”

“我感觉她妈妈真的可笑，穿着那样的衣服，嗓门那样粗……”

刘小敏觉得自己的心脏快要跳出来了，脸烧得像着了火，手却冷冰冰的……

“我以为她因为学习好不愿跟咱们玩，敢情是自卑呀。”

班里的男生特别无聊，在班里评出“十二金钗”，而且还排出倒数的，刘小敏原本不在其列，那件事后她被评为倒数第一……开始是十几个人在议论，后来其他同学也不和她说话了，就连她的同桌李倩也与她保持距离，一下课就赶快离开座位，像避瘟疫一样。小敏感到压抑，于是在周记里说了自己对这件事的想法，班主任很严肃地在班里要求大家要团结。结果出乎意料，同学们说小敏打小报告，她在班里更加孤立。

现在刘小敏上课无法集中精力，只要一听到后面同学哄笑，就认定是在议论自己。她的成绩下降得很快，老师找她谈话，严厉地批评了她，她却不敢解释，生怕再招惹了那些同学。刘小敏的沉默被老师误认为不配合，原本赏识她的老师也对她失望了。刘小敏觉得一个厚厚的锅盖向自己压下来，生活暗无天日。

小学阶段选择朋友，只要大家能玩儿到一起，谁也不会关注自己和他人的家庭状况。进入青春期，学生已经意识到家庭对一个人成长的影响，开始关注家庭背景了。小敏没有优越的学习环境，却严格要求自己，主动学习，凭自己的努力考入重点高中，应该为此骄傲才对。

小敏可以选择沉默，为客观原因解释和辩论是徒劳的，而且会激发挑战者的兴趣。此时的沉默不是软弱，而是用不回应来宽容无知和笨拙，并表明对自己的实力和未来充满信心。如果同学进一步挑衅，小敏可以用坚定的态度、委婉的方式去抵御他们，展示自己的强大。处理这种事情，关键是内心要坚定，决不妄自菲薄。面对专横跋扈的人，没有必要在乎他们说什么，安心学习，用实力说明一切。

人长期生活在一个特定的社会区域里，容易认为这个区域的人是优越的，从而产生排外性，这种偏见只表明他们认知狭隘，生活得很闭塞。面对强大的压力，人难免会慌乱，一旦做出欠妥当的行为就会恶化人际环境，所以遇到压力，原地不动是个不错的选择。

案例分享

在姬菲儿的眼中，云很真诚，真诚得不懂世故；她热情，热情得让你只有冲她断喝，她才会停止对你的“纠缠”；她率真，率真得让人下不了台；她简单，简单得让你哭笑不得。于是，她成了班里最受欺负的人。

云很热情，但热情过度。云生日那天，她带着蛋糕到学校，中午她举着饭盒把蛋糕递到每一个人面前，大家开始觉得奇怪，没人理她。云就一个人一个人地劝：“吃吧！吃吧！就当给我过生日了。”大家还是不理她，她就一遍遍地叨叨。最后有个男生忍无可忍，一拍桌子：“烦不烦呀！”云总是将自己的热情强加给周围的人，结果可想而知了。

云很简单、很率真，她没有学会掩饰。她特别喜欢看书，涉猎十分广泛，如国外教育、哲学、心理学、历史等，但她学科成绩却不好。她考试从来不作弊，但考试时她将脖子伸得长长的，观察谁在作弊，考试结束她就冲进办公室，跟老师说：“某某同学作弊了，他的成绩不真实，我建议您不要给他判分了。”开始老师们都挺喜欢她，认为她帮助老师找到了班级学习成绩不好的症结，这让云有些得意忘形。期中考试时，云将班上一个作弊的同学举报到了学校德育处。“家丑不可外扬”，班主任对她的这种不经沟通，擅自做主的“越级”行为颇有微词。

姬菲儿与云成为朋友之后，云几乎每天晚上都跟她发语音信息，从11点一直到12点，有时问作业，有时将自己看的书讲给她听。姬菲儿如果打断她，她就会不满地说：“你怎么这样自私？我还没有说完呢！你真的很没有礼貌，没有容人之心，和你这样的人交往太压抑了。”云经常借姬菲儿的笔记，但她从不想着归还，等菲儿催着要回来时，发现笔记本已经被揉得都是褶皱，她丝毫没有保护好他人东西的意识。她很大方，如果谁找她借东西，她不介意人家是否归还。

云生活在自己的世界里，如果有人骂她打她，她会表现出痛苦，但这个痛苦不是为她自己，而是为对方的“无知”，云始终不能与大家兼容。在姬菲儿眼里，云是班里最受欺负的人，可云自己是这么看吗？是继续和云做朋友还是离她而去？

云被同学欺负的原因有两个方面：一是社会角色的倒错，她主观地营造了一个氛围，并将自己的思维模式强加给周围的人。维护考场秩序本身是监考老师的职责所在，而云考试不专注答题，却监督同学谁在作弊，她角色混乱了。那些作弊的同学败坏了班级形象，而她对学习本身同样不够敬畏。二是缺乏界限感，在友情中卷入度太高，不给对方留空间。

云要不断提升自省能力，观察并学习周围的同学是如何交往的，明白“水至清则无鱼”的道理。社会化的过程就是观察、理解、融入社会的过程，不应将自己的观点强加给周围环境，否则就会被环境所排斥。

姬菲儿同学如果感到不堪其扰，也可以慢慢地拉大和她的距离，这种行为本身也有可能推动云开始反思自己的言行。

案例分享

小丰家四世单传，他被很多人溺爱。小丰在学校总是显得无精打采，笨手笨脚，无论做什么事都比同学们慢半拍，上课时还经常弄出声响。同学们欺负他，他就摆出被动挨打的姿态，久而久之，同学们更加忽视他的感受，对别的同学不敢说的话、不敢做的事，到了小丰身上就变得无所顾忌了，后来甚至出现个别同学只要心里不痛快，便拿他出气。小丰每次带"伤"回家，家长就到学校找老师"解决问题"，可即便如此，他还是难以改变被动挨打的局面。

小丰被欺负与家庭的不良教育模式有直接关系。自理能力差，使他一切能力都落后于同龄人，他不知道如何应对各种困难，而家长的参与既强化孩子的依赖，又使他在群体里被排斥。

小丰要在行动上"武装自己"，增强表达能力：身体站直，挺起胸膛与对方说话；直视对方的眼睛，目光坚定；声音洪亮，不要吞吞吐吐。如果对自己没把握，可以事先将要讲的话在镜前反复练习。

被欺负同学的自我成长行动方案

在群体中被人欺负的确是一件很痛苦的事情，慢慢地，会消磨人的自尊心和自信心，甚至发展成为连自己都不喜欢自己的人。那么如何告别被欺负的尴尬呢?

- 观察班里人缘儿好的同学，看他们是如何与人打交道的，同时检查自己与他的不同，发现自己的不当行为，彻底改变。
- 学会一些劳动技能，能够及时、利落地把劳动任务完成。
- 注意个人卫生习惯，身体发出各种味道的人会被同学嘲笑或拒绝。
- 每天在家照着镜子反复训练自己，以便与人交流时做到从容大方。

● 在群体里身体站直，挺起胸膛与对方说话。

● 讲话时看着对方的眼睛，眼神中流露出坚定的信念。

● 声音要洪亮，不要吞吞吐吐。交谈时如果对方声音超过你，你可以突然将声音变轻，这种音量差会给对方心理压力，使对方更加细心地听你说话；保持与对方交流中的沉默间隔，它会使你有更多的思考时间，也使对方感受到面对的是一位充满自信的人。

友情就是一个大大的同心圆

学生时代是学习交友的最佳时期，多和同学交流，可以拓展视野，锻炼交往能力。同时，在交友中要善于取人之长，补己之短，学会和更多的人打交道。

交友原则：我接纳你，但不一定认同你，更不会追随你。

“我接纳你”的意思是，每个人的言行都与其先天性格、后天环境等各方面相关，每个人都是独特的，要接受每个人的独特之处。“但不一定认同你”的意思是，我尽管接纳你、理解你，但不一定认可你做的是对的。“更不会追随你”的意思是，我们是独立的个体，我不会因为和你交往就要和你保持完全一致。

案例分享

萧蛟精力过剩，学习只占用了他很少的一部分精力，学习之余他结交了很多朋友。他不会拒绝别人，周围的朋友越聚越多，经常和他在一起玩的都是家境很好的孩子，他们个性反叛，衣着夸张，平时也不怎么学习，时刻准备出国。萧蛟本不想和他们牵扯在一起，怕老师找麻烦，但除了他们，谁能总陪自己玩呢？可自从萧蛟和他们在一起，他就摊上事儿了。班主任经常把他叫到办公室，告诫他不要自己学习好，就耽误别人的学习，并且给他“戴罪立功”的机会，随时向她汇报他结交的那帮朋友的最新动向。萧蛟很反感老师这样的办事方法，如果认为学生有不对的地方，就应该光明正大地批评教育。萧蛟的那帮朋友还经常出入高档娱乐场所，他家的经济条件根本无法支付高昂的费用，但他不喜欢总是他们请客。这样的“圈儿”在他寂寞时能够给他带来快乐，但也带给他很多的烦恼。

青少年通过结识朋友来确认自己在群体中的形象。在一个班级中家庭背景相近、三观接近、性格相像、志趣相投的同学形成一个个“圈儿”，如影随形，“圈儿”里的成员充分享受着群体的归属感和安全感，在“圈儿”中体现自己的价值，感受“人多力量大”“人多好办事”的种种好处。

独生子女从小缺乏同龄人间的交往，有以自我为中心的倾向是比较普遍的。“圈儿”给他们自我成长的机会，团体要求他们个人利益服从群体利益，学会照顾别人，学习协调人与人之间、个人与群体之间的关系，这对他们的社会化进程是有利的。

但不可否认，由于年龄、阅历使“圈儿”中人在领略友情和归属的同时面临着新的矛盾。

首先是无法摆正“圈儿”与班级之间的关系，“圈儿”内同学与“圈儿”外同学之间的关系。如果将“圈儿”的利益凌驾于班级利益之上，无疑会造成师生矛盾；如果排斥“圈儿”外的同学，不关心其他同学的诉求和喜怒哀乐，就会造成同学关系的疏远，难以获得更多的友谊，人为缩小自己眼中的世界。

其次是无法摆正自我和“圈儿”的关系。每个人都应该有自己的私人空间，学习、发展特长是个人的事，不适合群体活动，但往往“圈儿”中人将不参加“圈儿”中集体活动的人视为对“圈儿”的不忠诚，这让有些人处于两难的境地。如果择友不当，违心地做一些突破自己底线或不符合学校规定的事情，就会给自己带来麻烦和困扰。

主动与更多的同学成为朋友吧，积极参加各项集体活动，学会宽容，这样你的身边自然就会聚拢更多的朋友。

案例分享

毛熙悦现在快要崩溃了，同学们都用特别恶毒的话攻击她。

毛熙悦是高三女生，漂亮、文静，除了与婧交流的那段日子，她几乎一直是独来独往。她从没谈过恋爱，她觉得男生不喜欢自己，她也很享受这种宁静的生活。

高二时，外向、活泼的婧闯入了毛熙悦的生活，婧的情感经历特别丰富，她将自己的秘密都告诉了毛熙悦。出于信任，毛熙悦搜肠刮肚地也将自己的秘密告诉了婧。毛熙悦喜欢高一的一个灌篮高手，他阳光帅气，婧每天中午都陪她去篮球场，她们商量用什么方式吸引他的关注……

毛熙悦和婧的友情只坚持了一个学期，婧有些生活习惯是她无法接受的，比如借钱不还，吃饭时弄脏她同桌的桌子也不收拾……她们之间的感情越来越淡了。

婧从毛熙悦身边离开后，又结交了新的好朋友，她们总在一起说说笑笑，有时还窃窃私语，毛熙悦猜想她准是将自己如何勾引男生的想法告诉她们了，她发现那些女生又和男生接触频繁，毛熙悦觉得全班同学都在评论她勾引男生的事情。毛熙悦特别不明白，婧和她在一起时自己没有说过别人的坏话，为什么婧就不放过自己呢？

一个月之前，毛熙悦的耳朵突然变得敏感了，坐在第一排都能听到最后一排同学说她不要脸，勾引男生……毛熙悦的心乱了，根本无法学习。

青春期的女孩子往往通过交换秘密来维系友情，这是一种很危险的交友理念。将自己内心最不成熟的一些想法，或是与对方交流中碰撞出的“火花”都说给对方听，满足了当时的倾诉需求，之后又担心对方会将自己的秘密示众，内心无法宁静。

在交往中要学会自我保护。每个人都应该有自己的隐私，这不是对朋友不真诚，而是给彼此留空间。我曾经就隐私话题在高中组织了一个团体辅导。一个女孩说，有一个同学总是将自己的隐私告诉她，她并没有觉得有什么不妥，一次无意中当着别人的面说出来了，那个同学认为她没有为自己保守秘密，双方的关系从此出现了裂痕。这件事让她深切地体会到知道别人的隐私是件很麻烦的事，后来她拒绝听任何人的秘密。

一旦将自己的隐私说出去，人就会变得特别敏感多疑，产生“托付心态”——我将秘密告诉你，你要对我负责任，不能跟其他人交往过密……为了捍卫自己的隐私尽力维系友情，人为地增加了交往的压力。当友情难以承受这样的负重时，就会面临土崩瓦解。告白隐私对双方都不利，有的秘密可以和母亲交流，但有的秘密只能跟自己倾诉，这是一个人成长的必经过程。

案例分享

郭建以全班第一的成绩升入重点高中，他自己心里清楚，为了实现这个目标，自己付出了常人难以想象的努力，所以他格外珍惜现在的生活。班里经常有同学向他请教问题，他觉得这些同学太贪婪，自己不付出，总想掠夺别人的劳动成果，他可不是傻子，不能轻易地将自己的经验分享给别人，“我也不清楚。”“我也不会。”郭建总是以种种理由推托。时间久了，同学们不再向他请教了，他松了一口气。班上的同学组成了好几个学习同盟，相互督促、相互切磋，郭建开始并没在意，可那些同学的成绩一路飙升，他再也没有考过第一。郭建沮丧极了。

我建议郭建积极观察班里有哪个学习同盟可以接纳自己，主动示好，让自己尽快有归属感。

曾有心理学家设计过一个有趣的心理实验。

在一个大玻璃瓶中装入若干个球，球系在绳子上，被试者可以通过拉绳子，把球拉出瓶外，但由于瓶颈比较狭窄，每次只能拉上来一个，而不能同时拉上两个或多个。在瓶底接一个水管，可以把水导入玻璃瓶。实验过程中，由若干个被试者各执一线，要求他们在最短的时间内将球全部拉出，如果时间过长，玻璃瓶中的水会逐渐上升，如果球沾了水，便算失败。

实验设计了两种情况：

告诉第一组被试者，若将用线系住的球从瓶子里拉出来就是获胜，并给予奖金奖励，如果自己的球出来晚了，沾上水了就算失败。创设一种竞争的环境。

告知第二组被试者，实验的目的是看他们是否能够把球全部拉出瓶外，且越快越好。创设一种合作的环境。

第一组被试者都争相出来，彼此各不相让，全被卡在瓶颈处，最后无一人得以出来，只能“同归于尽”。第二组被试者事先安排好顺序，大家依次出来。

心理学家据此提出了“集体智商”不是简单地对每个人的智力进行相加。影响集体智商的并非是成员的平均智商，而是他们的情商。上述案例分享中，同学们创建的学习同盟也是如此，同学们利用集体智商营造了相互促进的和谐氛围，使每个人的潜能都得到充分发挥。

案例分享

曲杰是高一年级的某班班长，组织了许多活动，为集体赢得了许多荣誉。忙碌之余她不免心生怨气，其他班委工作懈怠，越来越不配合她的工作，偶尔还会说些风凉话。班里的大事小事都得曲杰亲力亲为，牵扯她太多的精力，导致她的成绩严重下滑。曲杰对此感到很着急。

在职场上，要想成为业绩卓越的领导人，必须具有与人合作的能力。作为一个团体的管理者，如果没有合作精神，则无法调动下属工作的积极性，无法形成凝聚力和向心力，这其实也是曲杰面临的问题。

我在给曲杰建议的同时，更希望学生干部都能认真阅读下面的内容。

首先，要让大家觉得他们的想法得到了班长的认同，而不是班长强加给他们的，鼓励同学为班级建设献计出力；获得了荣誉，与同学们分享；遇到挫折，主动承担责任，这样就会赢得同学的信赖与支持。

其次，要善于站在同学的立场看待问题，“学生干部”是偏正词组，重点要落实在“学生”上，而不应强化自己的干部角色，这样就会有一颗平常心。不要过于追求荣誉，要进入一种工作中“有我”，荣誉上“无我”的境界。想一想，如果当同学们发现你的努力只是为了给自己的业绩栏上添砖加瓦时，大家还会尽心尽力吗？

最后，真心寻求同学的帮助，千万不要制造一种领导者与被领导者之间的氛围，遇到困难向同学示弱，以赢得帮助。

如何融入群体呢？下面给大家提供一些建议。

1. 生活在群体之中

学生时代是一个人学习各种能力的最佳时期，既不能生活在一个人的世界中，也不能将自己封闭在一个小圈子内，而是尽量学会与各种类型的人交往和沟通，主动表达自己对各种事物的看法和意见，锻炼自己的表达能力。既接纳与自己观点、处世方法一样的同学，也接纳与自己不一样的同学，这样才能提升自己的沟通能力，获得更多人的支持。

2. 做一个主动的人

每个人都是自己人生的规划师，如果能够明确自己想要什么，制订切实可行的计划，然后全力以赴地去执行，你将获得非凡的成长动能。主动的人有能力和勇气去迎接成长中的各种挑战，并积累经验，增强自信心，敢于面对更大的挑战。

3. 客观、直截了当地与人沟通

在与人沟通中如果不能接受某种方式，就直截了当地表达清楚。如果强迫自己忍受无法忍受的沟通方式，表面上暂时会给人留下随和的印象，而一旦这种“忍耐”达到极限，则会表现出“忍无可忍”的极不友好态度，让对方感觉突然间发生了变化，造成情感上的伤害。一个“不”字就会断送的友情本身是不值得维护的。敢于说“不”，是遵从自己的内心，也是尊重他人的表现。当然，在与对方沟通的时候要注意方法和口气，不要在很多人面前给对方制造难堪。

4. 校园是青少年成长最佳的场所

学校生活可以提高学生的文化知识水平，还能提升学生分析和解决问题、优化与人相处等综合能力，通过各个方面的学习，锻炼自己坚韧的品质，为未来进入社会奠定坚实的基础。

心灵作业

消除人际焦虑的方案

人之所以会在人际交往中出现焦虑、担心和害怕等情绪，是因为在潜意识里我们都渴望过一种自由自在、无忧无虑的生活，我们在面对可能发生的事情（特指消极的）或对如何处理这件事情缺乏信心，潜在的不自信会给我们的思想、行为、情绪造成紊乱。丽珊老师研发的“消除人际焦虑方案”帮助了很多人，你也可以试试，让自己在人际交往中更加从容、坚定。

第一步：评估

1.我在人际交往中怕什么？（或是我焦虑什么？）

2.我为什么会怕？（或是为什么会焦虑？）

要对这些做直截了当地的回答，越具体越好，最好拿出纸笔来，清楚地写下来。

第二步：理解

1.就算我所怕的事情发生了，是否真的有那么可怕？

2.其他人是不是也有过类似的遭遇？

3.如果真的发生了，我真的无法活下去了吗？

评估及理解是消除焦虑的两大重要步骤，当我们对可能发生的事情做好最坏的打算，我们才能从容地面对现实。

第三步：再次评估现在的情况

1.现在真正的问题是什么？（朋友不理我了，我不知道错在哪里。）

2.问题的起因是什么？（我说的什么话伤害了他的情感？）

3.解决的办法有哪些？（和他进行一次界限对谈。）

4.我决定用哪种办法？（给他写封信，和他的朋友了解一下情况。）

5.什么时候开始实施？（做好心理准备就行动。）

第四步：对实施的方法进行有效度评估

对实施的方法进行评估是为了弄清此方法对解决问题有没有帮助，若没有，立刻进行修改，采取更有效的方案。

心灵测试

人际交往中你属于哪种类型？

指导语：请根据你的第一感觉，选择符合的项目。

1.从小父母就教导我要学会忍耐，拒绝别人是一种不礼貌的行为。

2.从小父母就告诉我，不能向别人求助。

3.我有掌控全局和控制其他人行为的欲望。

4.别人从来没有向我表达过他们有什么需求。

5.父母告诉我能和周围人相处得好比什么都重要。

6.我不向别人求助也是因为我根本就不能确定自己到底需要什么。

7.我试图通过以下一种或几种行为来控制别人：自责、强迫、威胁。

8.周围人说我从来不会说别人“好”。

9.在人际交往中，我总是无法表达自己的意愿，所以对方不会因为我的付出而对我友好。

10.如果让别人进入我的世界，我会有强烈的不安感。

11.我只把真实感觉留给自己，绝不会表露出来。

12.我不明白周围人为什么总有那么多的需求。

13.我总是迎合别人，这样可以避免纷争。

14.听到别人说“好”，我难以理解。

15.我特别乐于助人，只要觉得对他们好的事情，我就会想方设法地说服他们，直到他们接受。

16.我无法总是对别人嘘寒问暖。

17.我不能跟坏事说“不”。

18.我的家庭气氛冷漠，对问题紧张过度。

19.周围的人为什么就不能变得更好呢？

20.我会按照自己的节奏生活，外界对我产生不了什么影响。

21. 我怕伤害别人的感情，进而破坏双方的关系。

22. 当别人提出需要帮助时，会让我勉为其难。

23. 我不相信别人会爱我，所以只能控制自己内心的欲望。

24. 人就应该清心寡欲，不要有太多的要求。

25. 如果我拒绝了别人，内心会感到强烈的不安。

26. 从小我的家人就不表达他们的感受或不表露他们的感情。

27. 每当听到别人对我的建议说“不”时，我就会产生强烈的负性情绪。

28. 为什么要我对别人的内心感受负责呢？

计分表

顺从者	1	5	9	13	17	21	25
回避者	2	6	10	14	18	22	26
控制者	3	7	11	15	19	23	27
没有反应者	4	8	12	16	20	24	28

上面表格中四项的任意一项如果都没有超过四个，说明你属于比较折中的人。

如果你某一项超过四个，说明你属于这种人际交往类型。

如果你某一项超过六个则属于典型的这种人际交往类型。

成长方案

顺从者：为了避免向人家说“不”，你可能做了很大的隐忍，但对方不一定会感觉到，甚至会误认为这就是你的真实感受。你内心积蓄的委屈过多，一旦控制不住情绪爆发了就会彻底破坏你们之间的关系。

建议：你要观照好你的内心感受，让自己成为一个有界限的人。

回避者：你在人际交往中采取了鸵鸟策略，尽管你不向别人求助，不给别人带来麻烦，却让你在群体中处于游离状态。人具有很强的社会属性，需要与周围人在互动中获得归属感和安全感。

建议：明确你自己到底需要什么，并表达给相关的人，这样你会获得更多的爱。

控制者：在别人眼中你很强势，想用各种方式掌控对方，这些源自你内心强烈的不安，你担心一旦自己松手，就无法控制你们之间的关系。其实你的控制欲会给对方造成强烈的压迫感，他们一直在寻求着如何挣脱你的束缚。

建议：学着轻松应对各种人际关系，给对方空间，也是给自己空间。

没有反应者：你的内心对人际关系还是很重视的，但对周围人善意的行为不能及时给予肯定，会使对方懈怠或心生怨气。

建议：及时、准确地表达自己的感受，使双方的互动更有方向感。

第五章

尊敬老师，为校园生活寻找多个支撑点

教师因为在学生社会化及人格形成过程中具有重要影响，而被称为学生心理的“重要他人”。一个学生如果拥有和谐的师生关系，他会在尊重师长、尊重权威、尊重公众标准中收获内心的平静与安宁；他从老师的积极反馈中获得自信，更加热爱学校、热爱学习。一个学生如果与老师关系不和谐，老师的负性反馈会让学生变得自卑、敏感、多疑，他由讨厌老师所任教的学科逐步发展成厌学，情绪处于激烈波动中，有的会在潜意识中形成痛点，一旦形成挑战权威的行为习惯，会危害其职场形象。

与老师相处规则：定位准确

教师是一种职业，也是一种谋生手段，但并不是人格健全的象征。教师只是普通人，也有着常人都有的喜怒哀乐。在与学生的朝夕相处中，教师的责任感不断增强，心灵被不断净化，精神境界不断提高。如果学生能够走进教师的心灵世界，知道他们的所思所想，就能学着换位思考，替他人着想。

案例分享

学生时代是刘亚楠人生最辉煌的时光，那个时候她考入了全省最好的学校，还被选入了“神童”重点班，学校领导像对待珍稀物种一样地爱护他们班，尤其主管主任特别“护犊子”，他们班和其他班的同学闹矛盾，主任都会不分青红皂白批评其他班。在学校领导的影响下，任课老师也认为，只要学生出成绩，对他们的不守纪律不必太计较。刘亚楠曾经上课违纪，任课老师批评她，她坚决反抗，最后就不了了之。她在这种宽松的环境中茁壮成长，考上了名牌大学。

在刘亚楠看来，中学的主管主任特有水平，激发了学生的潜在能力，而进入职场后遇到的领导都能力平平，嫉贤妒能，他们看不到她的优势，总是鸡蛋里挑骨头。她已经跳了很多次槽了，最近又被公司辞退了。刘亚楠开始怀疑自己是不是和这个社会不相融。

刘亚楠的问题出在哪里呢？在中学没有学会遵守规则，不懂得敬畏权威，不知道与同龄人平等相处。主管主任只以学习成绩作为判断学生价值的标尺，使得学习好的学生认为可以为所欲为，扭曲了人生观。

“没有规矩，不成方圆”，无论到什么环境都要认真学习规则，观察周围人是如何遵守规则的。让自己和大家保持一致，这不是盲目从众，而是融入群体的基本要求。

老师无原则的爱是会给学生未来造成大尴尬的“小爱”，而重视学生良好行为习惯养成的老师，才是对学生一生负责的贵人。

与老师相处规则：界限分明

老师是学生心里的“重要他人”，老师的评价对学生来说真的很重要，有些学生不免对老师产生了托付心态。其实，每个人都有能力照顾自己的人生，如果自己的幸福一定要依靠别人的话，就算暂时有可托付的人，也绝不是长久之计。因为别人也需要照顾自己的人生，如果举手之劳还可以，但如果帮助你需要人家降低实现目标的速度或放弃自己的目标，那简直就是奢望了。明白这个道理的人，就会通过不断地学习知识技能来提高自己的能力，增强自我价值感，以此来掌控自己的人生。

案例分享

解晶晶是一名初三女生，由于受到学习和生活中一些事情的困扰，使她无法投入到紧张的学习中去。

解晶晶是一个对老师有选择性的学生。小学时，班主任是一位25岁的帅气阳光的男老师，他对学生很好，总鼓励她，增强了她的自信心，小学六年级她是在快乐和幸福中度过的！

上初中后，解晶晶的班主任是一位快四十岁的女老师，除了管学习，其他什么都不在意，对学生要求苛刻。

解晶晶的身体不好，落了许多课，月考成绩有所下降，她失去了学习的信心和兴趣，就经常不去学校。她知道这样不对，觉得自己变成了坏孩子。前两天她没到校，第三天去上课时找班主任要前天发的练习卷子，班主任很不耐烦地批评了她。解晶晶委屈极了，她越想越生气，以至于无法专心听讲。

解晶晶与老师的互动中有着强烈的“托付心态”，将自己是否热爱学校、热爱学习的控制权托付给老师。小学时，班主任是年轻的老师，他们的互动愉快，所以学业生涯就顺畅、快乐，她从托付的思维中获益了。

初中班主任是一位性格沉闷的女老师，她不喜欢这位老师，就出现了厌学情绪。

在师生关系中，老师要照料好自己的情绪，学生也要管理好自己的言行和情绪。与老师沟通并不困难，上课时全神贯注地听讲，课下主动和老师打招呼，认真完成老师布置的各项作业，这些都是将友善的信息传递给了老师。

案例分享

王纯父母怎么也没有想到，在最后一次月考还被班主任夸奖“我们班能考入省一中的只有王纯一个人”的女儿，会在中考发挥失常；也没有想到曾经胆小听话、埋头读书的王纯，会在高一开学一周后就跟父母说不想上学了。王纯告诉父母，她每天上学太紧张、太焦虑了，她担心这样下去自己会精神分裂。

“我害怕去学校，害怕看到老师，每节课我都是低着头，思路紧跟老师时会不经意间抬头，一旦看到老师，就感觉神经像橡皮筋一样绷紧了，不停地抖动，特别特别难受。”从不与外人接触的王纯心如止水地学习，从小学到初中，尽管她的成绩始终是前十名，但从来没有引起老师和同学的关注，她生活在个人的世界里。

初二刚开学，教英语的高老师找到王纯，说他已经观察王纯一年了，认为她是一个很有潜力的学生，请她做英语课代表。当时王纯激动得说不出话来，高老师是第一位意识到她存在的人，这个世界在王纯眼睛里突然变得明快而温暖了。王纯更加狂热地学英语，她每天早上五点起床读英语，上课时她对老师讲的内容心领神会，通过眼神传递给高老师，高老师也经常回复一个微笑。上英语课简直就是一种妙不可言的享受，王纯觉得自己生命中一些什么东西被激发了。她愿意和同学说话了，愿意帮助那些在英语学习上有困难的同学，对课代表工作也是兢兢业业，干得有声有色，同学们经常听到王纯开心的笑声。每次上英语课前，王纯都激动不已，如果英语课能够安排在下午最后一节就好了，这样她一整天都在美好的期待之中度过。

始终生活在孤独中的王纯，很少能够从外界获得多维度的评价，她的生活缺少变化和色彩。尽管成绩优良，但对学习没有激情，毕竟良好的成绩并没有给她的生活带来直接的利益。当高老师说自己观察了她一年，并说她是一个很有潜力的学生时，王纯的生命之火被强力助燃，高老师的评价第一次让王纯体会到自我存在的价值，体会到学习带给她的“福利”。在王纯的心目中，高老师就是伯乐，引领她走入一个期盼已久的多彩人生。

一次英语课上，王纯发现高老师不再看自己，目光经常看自己的同桌，王纯努力吸引老师的目光——她积极举手回答问题，但当她坐下之后，发现高老师还是不看自己；她又发现那些上课不听讲的同学经常被老师关注，她就东施效颦般地上课说话，但高老师仅仅扫她一眼就将目光移开……王纯绝望了，她发现同桌的确比自己有太多的优势：成绩比自己强，乐观开朗……王纯不再努力寻找高老师的眼神了，每天上英语课她都低着头，不再去看同桌和高老师之间的目光交流，不再与同学们说话，不再有笑声。她很奇怪从来都不嫉妒别人的自己，这次却彻底地嫉妒同桌，尽管表面上她并没有表现出来。

高老师每节课还是照样提问王纯，上课之前王纯担心老师提问自己，担心那一瞬间的目光对视，但如果老师不提问又感到深深的失落。每天上课一边努力地听讲，一边还要应对这种担心与失落之间的心理波动。王纯再也不去办公室了，她把作业收完，就找各种理由让同桌帮忙送去，同桌同意了，王纯开始时如释重负，但随后又很失落，觉得自己又失去了一次与高老师面对面的机会。同桌不同意送，王纯就会焦虑，掐算好高老师不在办公室的时间，悄悄放下作业就跑……

王纯为了吸引高老师的注意而在课堂上所做的一切"努力"伤害了高老师，他发现了王纯并起用她，而她上课说话，低头听讲，课代表工作不积极主动……高老师自责选错了人。

"后来事情发展到我害怕面对每一位老师，每节课都是低着头，幸好这样并没有影响成绩。现在回想起来，当时我觉得低头会影响听课效果，所以课前认真预习，上课时思路紧紧地跟着老师，回家认真复习、写作业，到了初二下学期，我的成绩就稳定地保持在班里前三名了，升入初三就是第一了。老师们都以为我的这些表现是我太骄傲，对老师讲的内容不屑一顾可我却没有勇气解释。反正成绩好，老师也就不要求我什么了。"

没有想到，刚升入高一，物理老师又让王纯当课代表，她很害怕，担心再一次经历初中的痛苦，被发现—被起用—被漠视……于是出现案例分享开头的一幕。

每个孩子进入青春期都会执着于自我探究，我是谁？我在别人的眼中是怎样的一个人？他们乐此不疲地通过寻找周围人表现出来的"蛛丝马

迹”来建立自我形象，又根据“最新信息”来修正对自我的认知，构建新的自我形象。这个时期的孩子，无论性格内向还是外向，他们都渴望得到别人的重视。班中的尖子生和成绩落后学生往往是老师关注的焦点，成绩中上等、守纪律的老实本分学生经常容易被老师忽略，时间长了，他们会习惯这种平静的生活。这种学生一旦被老师关注，生命的潜能被激活，学生所能迸发出的能量是无法估量的。而且这种能量会迁移到其他方面，改变学生整个生活状态，使学生的生活之花绚烂起来。

与老师相处规则：充满善意

老师要应付的人际关系很复杂，稍有不慎就会说错话、办错事，将自己卷入人际旋涡之中。作为学校思想教育的贯彻者，老师要对学校负责，又要为学生的成绩和成长负责，他们承受着难以承受之重。同学们，在了解老师的内心感受之后，做老师的心理支持系统吧。和老师情感深厚，与老师沟通顺畅的同学在学校也会如鱼得水。师生关系和谐可以真正收获双赢。

案例分享

郝筱筱的班主任在学校是出了名的严厉。她对学生总是紧绷着一张脸，常备八字眉，在教室门口一站，有一种不怒自威的气势。

办公室是大家的警戒线，除非有特别紧急的事情，一般人是不会主动去接近班主任的。班主任对大家最常用的台词就是："警告你，无论什么事都逃不过我的眼睛！""不要指望我夸奖你们，做对是应该的，达不到我的标准，就统统该挨骂！"

郝筱筱所在班级的成绩一直居于年级中等偏下，前段时间班主任立志要把大家的学习成绩提高，于是越发冷酷严厉。她叫停一切社团活动，男生下课均不准去操场打球，活动课时间一律占用。同学们已不单单是惧怕她，而是开始反感她了。

这学期第一次月考，郝筱筱所在班级的成绩不但没有前进，反而在年级垫底了。班主任不可避免地发了一通怒火。紧接着就是月考成绩分析报告会，全年级各班的学生都要齐聚报告厅，会议无非是表扬进步班级，嘉奖进步同学，给年级前几名的同学发礼物，等等。

郝筱筱被年级组长叫过去，帮他拿遗忘在办公室的讲话稿，他要在大会上分析高考形势以及未来学习计划大纲。

郝筱筱找到年级组长的桌子，开始翻找东西，突然听到背后隐约有抽泣的声音，她回头一看，天哪！那个周围一地纸巾团，盘腿蜷在椅子里，向数学老师诉苦的人，居然是班主任。她怎么可能如此失态？紧接着，班主任又哽咽着对数学老师说，让她对孩子多点儿耐心，他们班的数学提分就靠她了……班主任居然为了学生而去求任课老师照顾。

郝筱筱不能理解，如果班主任真的关心学生，为什么非要端着架子、戴上冰冷的面具不可呢？也许她没意识到，正是这种做派，最终导致师生之间形同陌路。

我在全国各地给老师做心理培训时，常会问老师一个问题：“你在什么时候会获得快乐体验？”答案多数是：“学生长大了，懂事了。”“学生的不良行为改变了。”“我们班的学习成绩提高了。”无论是繁华的大都市还是县镇学校，老师的回答像标准答案一样。为什么老师的快乐体验不是来自个人的成长呢？

一种可能是老师真的无条件接纳学生，将自己的内心感受与学生的成长紧紧捆绑在一起。这种状态属于心理卷入度过高，势必造成老师的情绪随外界的评价而波动，失去了自我掌控的能力。另一种可能是社会对教师业绩的考核，仅仅从学生这单一维度出发，导致教师将自己的业绩和荣誉寄望于学生的成绩。

学生在了解班主任的良苦用心之后要主动转变对班主任的印象，从情绪上、行为上多多支持老师，在班级里传递尊师重教的正能量。

班主任除了要承担其他老师所面临的挑战与困难外，还要承担班级管理者的特殊压力，他们要处理学生与任课老师、学生与学生之间、学生的全面发展与考试成绩之间的种种矛盾冲突，出现沮丧、失落、不安、气愤的负性情绪是很正常的。

案例分享

我有一位可爱的健康课老师。他是墨西哥和美国的混血儿，20岁出头，同学们都觉得他长相酷似贝克·汉姆。他的教学方式十分“美国化”，经常会在课堂上大呼小叫，动作表情都十分夸张。我们的健康课程分为两部分，第一学期学习身体的健康，第二学期学习心灵的健康，这门课是必修课。

我们的健康课老师经常会用一些搞笑、创新的形式来传授知识。有一次，我们在心理课上学习了一个新的词语“denial”(心理学上指拒绝接受，拒不承认)，为了让大家更透彻地理解这个词语，老师把大家分成四个小组，任务是表演一个小型故事剧。大家可以自由编排故事和分配角色，但是需要表现出其中一个角色“denial”。我们小组有三位成员，分别扮演一对年轻的夫妻和一个很有经验的老医生，我扮演这个老医生的角色。我们花了十五分钟的时间编排了这样一个故事：妻子在上班的路上接到医院的电话，当她赶到医院的时候，医生宣布她的丈夫遭遇车祸已经不幸身亡。拒绝接受现实的妻子非常愤怒，和老医生争吵，并且要求老医生把丈夫还给他。老师对我们的表演非常满意，觉得我们领悟了“denial”这个词的含义。

老师还经常鼓励我们参加各种活动，他说到了大学也是如此，要尽可能地参加各种社团。他曾经在课上对我们说："因为你们还很年轻，还有很多的机会。举个例子，也许你觉得冰球是一项你从未听过的活动，但这项活动存在就必定有它的意义，也有很多人享受在其中。如果在大学里有学习冰球的机会，你会去吗？你愿意去尝试自己不会甚至从未听过的活动吗？也许学习的第一周你会感到非常无聊，但是也许过了三个月、半年，你就会成为一名专业的冰球运动员。"他的那节课给了我非常大的影响，他的话深深地刻在了我的心里。在快下课的时候，他顺口提起学校的戏剧部正在筹备一场新话剧，如果感兴趣的同学可以去尝试。正是因为他的一席话，让我鼓起勇气去参加了话剧的面试，结果我意外入选了，并且分配到了一个很重要的角色。第二天上课的时候，老师以略带玩笑的口吻自言自语："我想可能没有人去参加戏剧部的海选吧？如果有人参加了的话，可以现在站起来。"我很自信地站了起来，他的神色从诧异转到了欣慰。"Eva，我也想过你可能去尝试！""我不仅尝试了，而且成功了！"我非常庆幸自己去参加了新话剧的面试。

在下课的时候，我走到了老师的面前向他表示感谢："我觉得您的课给我带来了很大的影响，并且我觉得这节课在我的人生中起着很大的作用。""Eva，首先谢谢你对我课程的肯定，我也看到了你身上的潜力，你一定可以作为国际生在这所学校得到很好的发展！"从那次愉快的交谈后，我和这位可爱的健康课老师成为很好的朋友。有的时候我会在午饭时去和他聊上几句，我们一起探讨学习的课程，有的时候他也会对我未来的发展发表他的看法。总之，他成为我在这所学校里面的"安全岛"。

做一个可以及时给老师"鼓掌"的学生，有的时候你的一句感谢或者认可的眼神，其实是对老师莫大的肯定。不同于"拍马屁"，"鼓掌"是一种发自内心的感恩和赞同。老师也和我们一样，时常需要一些小小的鼓励。这种良性的、愉快的师生相处模式，也在我的留学道路上起了不小的作用。

人与人之间的情感是需要互动的，你希望老师认同你的前提是你要善待老师。许多学生误认为老师是钢筋铁骨，不管学生是什么样的态度老师都可以接受，都应该保持对教学的极大热情。其实真的不是这样。我当了近30年老师，教过的班级数不胜数，但心里总有一些我特别喜欢的班级，在这些班上课对于我来讲是一种享受，我会给孩子们讲授很多延展性知识。我为什么会这样做呢？因为这些班有个共同的特点：有些学生上课时会全身心投入，与我互动；下课后他们还会与我分享上课的感受，为了这些“知音”，我也会讲得更丰富、更尽力……每次结束课程的时候，我都会和全班同学说：“你们受惠于这些同学，是他们鼓励了我，让我更愿意将知识倾其所有，同样上这门课，你们比别的班的同学额外知道了更多的知识，而这些不需要感谢我，你们要感谢的就是这些鼓励老师的同学……”每当我说这些话的时候，全班同学会为自己鼓掌！

心灵作业

评估你在学校的情绪

在学校里，你的这种感受发生的频率如何：

1　2	3　4　5　6	7　8	9　10
几乎	有时	经常	非常频繁

（愤怒）

1.我觉得老师存心挤对或批评我。

2.我有暴怒的冲动。

3.我想通过言语或身体碰撞猛烈攻击某人或物。

（恐惧）

4.我身上可能会发生一些有破坏性的事情。

5.我觉得很担忧。

6.我担心有些事情可能会出错。

（悲伤）

7.我是人群中最不幸的人。

8.我觉得为某事感到不安、担心、沮丧。

9.我被纠缠在过去某件不幸的事情之中。

（羞愧）

10.在某件事上，我与所受的称赞或表扬并不匹配。

11.我感觉受到了羞辱。

12.我想在别人面前隐藏起关于我自己的某些事情。

（嫉妒）

13.一个我不喜欢的人总是特别幸运。

14.我有些嫉妒别人。

15.无论如何，我不想让那个人成功。

通过以上测试，可以让你对自己的负性情绪有所认识和了解，如果你存在比较多的负性情绪，请尽快找心理辅导老师交流，他们会给予你及时、科学、有效的帮助，千万不要自己扛着！

心理测试

气质类型测试

请你根据自己的实际情况给以下六十道题打分，很符合自己情况的记2分；比较符合的记1分；介于符合与不符合之间的记0分；比较不符合的记−1分；完全不符合的记−2分。请不要对任何一道题进行价值判断，用你的第一感觉直接选出答案即可，否则测试就不准了。

1.很符合　2.比较符合　3.介于符合与不符合之间　4.比较不符合　5.完全不符合

	题目	1	2	3	4	5
1	做事力求稳妥					
2	遇到令人气愤的事就怒不可遏，想把心里话讲出来才痛快					
3	宁肯一人做事情，也不愿多人在一起做					
4	进入新环境很快就能适应					
5	厌恶那种强烈的刺激					
6	和人争吵时总是先发制人					
7	喜欢安静的环境					
8	善于和人交往					
9	羡慕那些善于克制自己感情的人					
10	生活有规律，很少违反作息制度					
11	在多数情况下，情绪是乐观的					
12	碰到陌生人觉得很拘束					
13	遇到令人气愤的事时能很好地自我克制					
14	做事总是有旺盛的精力					
15	遇到问题时常举棋不定，优柔寡断					
16	在人群中从不觉得过分拘束					
17	做事的兴趣由情绪来决定，情绪好时干什么都有趣，情绪低落时，又觉得什么都没意思					
18	当注意力集中时，别的事很难分心					
19	理解问题总比别人快					
20	碰到危险情景常有一种极度恐惧感					
21	对学习、工作、事业都有很高的热情					
22	能长时间做枯燥、单调的工作					
23	自己感兴趣的事干起来劲头十足，否则不想干					
24	一点儿小事就能引起情绪波动					

续表

	题目	1	2	3	4	5
25	讨厌做需要耐心、细致的工作					
26	与人交往不卑不亢					
27	喜欢参加气氛热烈的活动					
28	喜欢看感情细腻的文学作品					
29	工作、学习时间长了常感到厌倦					
30	不喜欢长时间谈论，愿意动手干					
31	宁愿侃侃而谈，不愿窃窃私语					
32	别人说我总是闷闷不乐					
33	理解问题常比别人慢些					
34	只要短暂休息就能解除疲倦					
35	心里有话宁愿自己想，不愿说出来					
36	希望尽快实现目标，否则誓不罢休					
37	学习、工作用的同样的时间，却常比别人更疲劳					
38	做事有些莽撞，常不考虑后果					
39	听老师讲授新知识、新技术时，总希望能慢些，多重复几遍					
40	能很快忘记那些不愉快的事情					
41	完成作业或工作总比别人花的时间多					
42	喜欢大运动量的体育活动或各种文艺活动					
43	不能很快地转移注意力					
44	接受一项任务后，希望迅速完成					
45	认为墨守成规比担风险强些					
46	能够同时注意几件事物					
47	当我烦闷时，别人很难使我高兴起来					
48	爱看情节跌宕起伏、激动人心的小说					
49	对工作认真严谨、自始至终					
50	总是处理不好和周围人的关系					
51	喜欢复习学过的知识，做掌握了的工作					
52	希望从事变化大、花样多的工作					

续表

	题目	1	2	3	4	5
53	比别人更能记住小时候会背的诗歌					
54	别人说我出口伤人，可我并不觉得					
55	在体育活动中，常因反应慢而落后					
56	反应敏捷、头脑机智					
57	喜欢做有条理而且不麻烦的工作					
58	遇到令人兴奋的事常使我失眠					
59	理解新概念很慢，但理解之后就很难忘记					
60	如果工作枯燥，马上情绪低落					

每种气质类型的得分如下表。例如，将第2题、第6题、第9题等15道题的得分累加，即得出胆汁质气质类型的得分。以此类推，将其他三种气质类型的得分计算出来。

胆汁质	2	6	9	14	17	21	27	31	36	38	42	48	50	54	58
多血质	4	8	11	16	19	23	25	29	34	40	44	46	52	56	60
抑郁质	3	5	12	15	20	24	28	32	35	37	41	47	51	53	59
黏液质	1	7	10	13	18	22	26	30	33	39	43	45	49	55	57

1.如果某种气质类型得分10分以上，且高出其他3种4分以上，说明具有这种气质类型的倾向；如果得分15分以上，且高出其他3种4分以上，说明就是这种气质类型；如果得分超过20分，且高出其他3种4分以上，说明是典型的这种气质类型了。

2.如果某两种气质类型得分接近，分差低于3分，且高于其他两种气质类型4分以上，则有可能是两种气质的混合型。

一是多血质和胆汁质混合，属于外向型；

二是多血质和黏液质混合，属于稳定型；

三是胆汁质和抑郁质混合，属于不稳定型；

四是黏液质和抑郁质混合，属于内向型。

解读气质类型：

气质类型强调人在先天环境中形成的稳定的内在特质。气质类型是表现在一类人身上共有的或相似的心理特性的典型结合。构成气质类型的心理特性有感受性、耐受性、不随意反应性、反应的敏捷性与灵活性、可塑性与稳定性、内外倾向性、情绪的兴奋性、情绪与行为特征等，这些心理特性的不同结合，构成了不同的气质类型。气质类型没有好与坏之分，只是不同的气质类型适合不同的职业选择。

我根据20年来对气质类型的研究，以及大量实际测试跟踪分析，于2000年创立了丽珊—气质类型示意图，用坐标系直观地反映气质类型的特质。

我以情绪内在稳定性与否做纵坐标，正向为稳定，负向为不稳定。稳定性是指情绪波动的振幅大小，比如多血质和黏液质的情绪波动振幅相对于抑郁质和胆汁质就会小很多。但情绪不稳定并不意味着心理不健康，只是比较情绪化。以外显性格的内外向为横坐标，正向为外向，负向为内向。由此四个象限代表了四种气质类型的基本特点。中间的椭圆代表舒适区，得分的绝对值越大，特点就越明显。

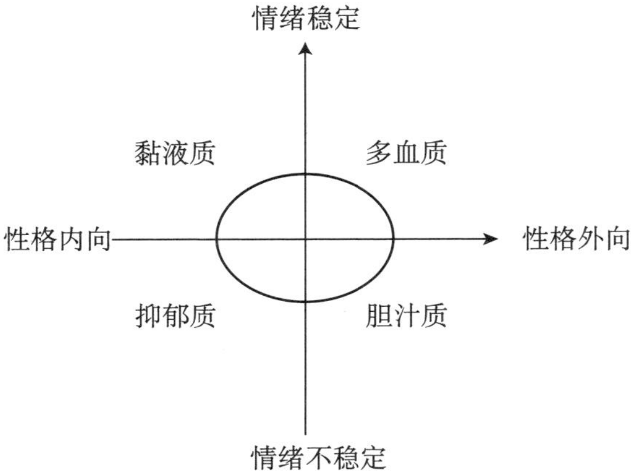

丽珊—气质类型示意图

多血质

活泼、好动、适应性强，性格具有明显的外向倾向。

他们是人群中最具弹性的人，根据现实情况不断调整自己，以便适应周围的环境。多血质人充满自信，属于敢作敢为的实干派。但要注意的是，在实干的过程中，请更多注意培养自己的决断能力，该出手时不能犹豫，同时要培养自己的韧性。

多血质的人有潜在的活动态势，不让他们活动，他们会很难受，所以不适合做细致单调、环境过于安静的工作。

多血质的人思维过于活跃，由此会表现出注意力不够集中，给人造成浮躁的印象，进而失去发展的机会。

温馨提示：多血质的人要时刻提醒自己集中注意力，做事情要专心致志，做事情要有持续性，并保质保量地完成任务。另外，在发表自己观点之前一定要认真思考，同时应避免说话太多。

适合工作：多血质的人所适应的工作是很广泛的，他们可以从事各种管理工作、有创新性的工作，如外事工作、新闻工作、管理工作等。这里所说的新闻工作最好选择记者而不要选择编辑，多血质的人在不断活动和改变中体会工作的乐趣，而记者这种极具挑战的工作会激发其潜在的能力。

胆汁质

热情、直率、好冲动，热情忽高忽低，喜欢新环境带来的刺激，工作干劲儿大，性格具有明显的外向倾向。

他们是人群中生命能量最旺盛的人，精力充沛但易暴躁，他们每天睡眠时间一般4小时就可以了。他们争强好胜，积极争做自己人生的主人，拒绝一切掌控他们的人和事。

他们极具煽动性，会通过各种手段将自己的理念传播给其他人。如果他们有明确的目标，会集中注意力，并且有很好的执行力和持续力，不达目的不罢休。

温馨提示：将提高情绪管理能力作为自己一生的课题。我在担任企业心理顾问的过程中，深刻地感受到胆汁质的人如果善于管理情绪，他们会成为人群中的领袖；但如果他们不善于管理情绪，则会无意中挑战权威，激化和同事的关系。尽管他们很聪明，也很有能力，却往往被领导打压，处于怀才不遇的状态，而这种状态又激发他们的愤世嫉俗，陷入职业危机的尴尬之中。

适合工作：导游、经纪人、节目主持人、演说者、外事接待人员、演员等，在企业中适合做公关，不适合整天坐在办公室，也不适合从事枯燥的研究工作。

黏液质

自制、安静，适于从事细心、程序化的工作，性格具有明显的内向倾向。

他们是人群中情绪最稳定的人。他们具有很强的自我调节能力，是人群中最守纪律的人。在与人交往中，他们可以巧妙、机敏地在谈天中获取想索取的线索。对待老实人，他们可以真诚相待；对待诙谐的人，又可以谈笑风生。能做到这一点并不是他们在刻意追求这种效果，而是因为他们具有天生的表现力，黏液质的人在做自己感兴趣的事情或执行心目中的权威者的命令时，能集中精力去干，所以他们学生时代往往是好学生。

温馨提示：因为情绪过于稳定，而且不愿意表达自己的好恶，常给人一种对外界漠不关心的感觉，所以在学习和工作中要注意表达自己的关注。

适合工作：外科医生、社会活动家、法官、出纳、播音员、管理人员等，还可以做编辑，他们的细致能够保证工作的准确和质量。

抑郁质

对新环境适应能力差，容易疲劳，严重的内向倾向。

他们是人群中最敏感的人。工作细心、审慎、认真，观察力十分敏锐。抑郁质人的集中力是超群的，他们具有艺术的潜质。因为他们的敏感，所以选择工作时一定要回避嘈杂的环境，避免由此引发的疲劳感。

温馨提示：因为考虑问题容易有悲观倾向，并且在人际交往中过于敏感，所以要时刻提醒自己多从积极、健康、向上的方面考虑问题。

适合工作：科研人员、保管员、校对、排版、化验员，也适合做机要工作、研究工作和艺术造型工作。在政府、企事业单位中，可以担任部门主管和按常规做出决断的领导人。

第六章

孝敬父母，获得强大的生命力量

原生家庭的价值观、行为方式、家人之间的情绪互动、依恋模式、夫妻沟通模式等都会对子女构成深刻的影响。

父亲主宰孩子的生命能量。如果一个人与父亲建立良好的情感链接就会充满生命能量，自信、乐观、开朗；如果一个人无法与父亲建立良好的情感链接，就会表现出生命能量低弱，缺乏安全感和归属感，难以得到发展。在一定意义上讲，父亲决定孩子事业的高度。

母亲主宰孩子的情绪管理和人际关系。如果一个人与母亲建立良好的情感链接就具有良好的情绪管理能力，在与人交往中游刃有余；如果一个人与母亲之间情感链接不好，则会表现出情绪波动频繁，人际关系难以和谐。在一定意义上讲，母亲决定孩子生活的幸福度。有一位知书达理、与社会保持亲密接触并获得幸福生活的好妈妈，孩子获得幸福的概率就很高。

认同父亲，让你的人生更有力量

许多人误认为只有事业成功的父亲才能真正得到孩子的敬佩。事实上，父亲在与子女沟通的过程中直接对孩子产生影响的是他的价值观、思维方式、行为特点、情绪管理、沟通能力、上进心等方面。

20多年来，我与不计其数的孩子交流过有关父亲的话题，发现父亲对男孩和女孩影响的深度和广度不太一样，下面我们来细数一下吧。

女儿背后的父亲

父亲是女儿接触的第一个异性。被父亲在情感上“富养”的女孩敢于并善于与异性交往，她认定自己是被所有人所喜爱的。进入青春期后，因为强烈的自爱使她与异性交往时会表现出自信和自尊，发乎情，止乎理。相反，如果在成长中缺乏父亲的陪伴，或者父亲性格暴躁易激惹，对女儿充满嫌弃等，她会认定自己被所有异性所厌恶。进入青春期后，因为缺乏自爱使她与异性交往时会走向两个极端，一是退缩，她坚信不会有异性欣赏自己，所以拒绝与异性交往，不敢接受爱情；二是过于开放，为了赢得异性的喜欢，她会放低自尊，做出飞蛾扑火、饮鸩止渴的选择。但如果有一位心智成熟的母亲则能够力挽狂澜，避免这两种极端情况的出现。

父亲是女儿最早接触到的“社会人”。如果父亲对事业、家庭都具有责任感，处事客观、理性，用自己的行动向女儿展示男人应该以怎样的姿态立足社会，赢得他人尊重，女儿会对社会、未来充满信心，对自我成长有明确的目标和可持续发展的动能；如果父亲对事业、家庭都缺乏责任感，价值观偏离主流社会，个性怪异，存在行为障碍、情绪管理失常等，会使女儿对社会的认知出现偏颇，迷失自己成长的方向。

单亲家庭随母亲生活不仅使女儿失去了与父亲交流的机会，缺少一种持续存在的与父母一起生活的模式，这使一些女孩对男女亲密关系很恐惧，成年后不愿谈恋爱，担心自己再次被抛弃，更有甚者会痛恨男性，无法平等地与男性交流；另一些女孩则早早恋爱，怀着不切实际的乐观和期望，渴望爱情能够把她从父亲带给自己的失望和伤痛中解救出来，却不知这种期待本身就是爱情的毒药。

案例分享

自我成长训练营中的林美怡给我留下了比较深刻的印象。训练营中为了让学生充分自知，设计了用“我”造句，林美怡造的句子一改绝大多数学生被动“应对”的态度，而是站在更高的角度审视活动本身。“我觉得丽珊老师的这个方法很好”“我希望和妈妈一起出国”“我希望爸爸可以经常出差”“我不喜欢脾气暴躁的人”“我以妈妈为傲”“我希望下辈子做男生”……看着她造的这些句子，我基本勾勒出这个女孩的心理环境。

在一对一分享中，我问她：“美怡，你喜欢妈妈，好像不太喜欢爸爸，对吗？”

“您说得太对了，我不仅不喜欢爸爸，而且渴望妈妈和他尽快离婚。”

美怡告诉我，她的爸爸在奶奶家排行最小，又因为聪明、学习成绩好而被家人宠得特别以自我为中心，工作之后因为业绩好还做了领导干部，这样的成长环境导致他说话丝毫不顾及别人的感受，尤其在家脾气暴躁，为了避免激惹他，每每他发脾气，妈妈都会主动道歉……妈妈在一家外企做销售总监，脾气温和，但非常有主见，曾经有朋友描述妈妈像浮在水面上的鸭子，表面上看起来悠然，而水面以下在做什么谁也不知道。妈妈一直打算移民国外，但因为爸爸的工作涉及国家机密而被搁置。

“我特别渴望妈妈能够带我移民，远离恶魔般的爸爸，前几天因为我顶撞了他一句，他揪着我的头发向墙上撞，到现在我的头皮还在疼……”美怡眼中泛着泪光说道。

“只要爸爸发脾气，妈妈就道歉，这使他既没有意识到自己有问题，更没有改变的愿望和动能。如果你妈妈提出离婚，爸爸会莫名其妙，对他的打击太大了，会造成他愤怒甚至做出极端的事情来。”

美怡点着头说：“丽珊老师，您说得有道理。”

“美怡，你觉得爸爸的性格对你的人生有影响吗？”

美怡告诉我，同学给她起了一个外号叫“七十二变”，她与同学相处时，绝大多数情况下很温和，但偶尔会暴躁至极，让同学摸不着头脑。幸好她目前成绩好，一些同学还是愿意和她做朋友。“丽珊老师，我能理解同学的感受，就像我和爸爸在一起一样，不知道他下一分钟是什么情绪，什么表情。我不能再模仿他了，不然我的人生就被他毁了，我可不会像他这么好命遇到了我妈妈，事业上还很成功。”我叹服这位刚读初中的孩子就能考虑得如此周全。

我明确地告诉美怡，她与同学相处时的状态并不是简单的模仿父亲，如果她的内心不和父亲有良好的链接，她就像没有根基的浮萍，缺乏安全感，无论是不是和父亲在一起，都会遵循这种模式。只有将这种模式彻底改变了，才能让自己更加趋于温和而稳定。

“您能告诉我妈妈应该如何与爸爸相处吗？”美怡放弃与妈妈抛弃爸爸远走高飞的念头了。

我告诉美怡，妈妈只要丈夫发脾气，无论什么原因她都道歉，这表面上看起来是息事宁人，实际上是在家庭中营造非正常的人际环境，纵容了丈夫的坏脾气。美怡认可我的观点。那么如何改善呢？第一，妈妈透过丈夫被激惹事件，总结出规律性，避免此类事件的发生；第二，如果丈夫无故发怒，妈妈不要忙于道歉，而是离开现场，给丈夫独立思考的时间和空间；第三，充分挖掘丈夫脾气暴躁对女儿成长的积极作用，比如让女儿知道良好的情绪管理能力是和谐的人际关系基础，告诉女儿遇到问题首要考虑的是如何整合已有资源解决问题，而不是逃避。

经过我和美怡的努力，他们的家庭关系得到明显改善，在家庭关系趋于正常之后，美怡爸爸主动询问妻子谁在辅导她们，并提出要接受心理咨询。第一次与他见面时，他非常幽默地说："丽珊老师，您太厉害了，没有见到我就知道如何对付我了……"

无论父亲多么优秀，多么有家庭责任感，只要他的情绪不稳定，无法控制自己的负性情绪，并有暴力行为，就会给女儿造成深刻的伤害。因此，要想成为一个合格的父亲，除了有良好的情绪自控力，还要温柔待人，让女儿在满满的父爱的陪伴下成长。

案例分享

杜伊静读初二时被各个年级的多名男生追求，尽管她没有明确答应任何一位男生，但男生之间还是闹起了矛盾……杜伊静成了学校德育处重点关注的学生。

第一次见到杜伊静，我眼前一亮，她长得漂亮、性格温和，与她交流是一件很舒服的事情。她坐在我对面，身体前倾，认真聆听并给予及时的语言和情感回馈。"丽珊老师，我觉得男生都挺好的，如果我不分青红皂白就拒绝人家，会不会伤害他们呢？"在交流中我发现杜伊静的父母在她小学时离婚了，她随母亲一起生活，但内心特别认同、思念父亲。她渴望得到来自异性的关注和喜爱。

杜伊静是在她父亲的陪伴下来我工作室的，她的父亲是一位知性、儒雅、精致的男士，他内心也很挂念女儿，他知道在女儿心中爱自己更多一些，为了避免女儿“身在曹营心在汉”，加大母女沟通的困难，他就很少和杜伊静联系。我告诉杜伊静的父亲，他如果能够在情感层面“富养”女儿，会帮助女儿抵御来自男生的各种诱惑，避免陷入情感的旋涡之中。杜伊静的父亲恍然大悟，他对女儿不仅有爱心，而且还很有方法，让杜伊静生活在浓浓的父爱之中……

“丽珊老师，在我的眼里，没有任何一个男生能够跟我的爸爸相比，我长大了一定要找一个像我爸爸一样既成熟又有品位的男朋友。”杜伊静能够坦然地拒绝那些追求她的男生了。“对不起，感谢你对我的认可，但我却不需要你的感情。我们就做好朋友吧！”杜伊静明朗的态度不但没有伤害男生，反而赢得了男生的尊重和喜爱，这些追求她的男生都成了她的好朋友。

父亲对未成年女儿恋爱的敏感度要远远高于母亲。因为他们也曾经青春萌动，他们会清晰地记得当初自己的冲动，更知道这种冲动一旦转化为行动会给女生造成怎样的伤害。所以很多父亲发现未成年的女儿恋爱时会坚决反对，如果女儿固执己见，父亲觉得无法阻止，往往会对女儿持绝望和放弃的态度，而这种态度会成为将女儿推离家庭的助力。女儿过早恋爱就是给父亲提了一个醒：你给女儿的爱不足以满足女儿对爱的需求。

男孩背后的父亲

父亲对男孩有哪些影响呢？在男孩的心目中，“长大后我就成了你”用在这里再恰当不过了，一个事业成功、乐观、合群的父亲会让儿子也想成为一个顶天立地的男子汉。如果这样的父亲还能给儿子关怀和支持，那就更加锦上添花，会令男孩身心和谐，拥有成就事业的能量和勇气，乐享幸福人生。如果父亲疏于与儿子沟通，儿子会有落寞感，但他坚信自己的遗传基因是好的，生命是有能量的，如果外界给予适当的引领则会走向正途。

如果父亲性格怪异、事业颓废、人际关系不好，男孩的心里会有恐慌感，担心自己也成为一个像父亲一样令人生厌的人；男孩内心对父亲的瞧不起阻断了他与父亲之间的情感链接，由此他的某些行为就会越来越像父亲，他对自己没有信心，担心会走父亲的老路。

案例分享

魏风升入高三却丝毫找不到紧张的状态，本来计划利用假期将知识上的漏洞弥补一下，但因为各种原因而没能完成任务，他为此担忧不已。魏风的情绪很不稳定，经常会烦躁。他晚上偶尔能看看书，白天极其痛苦，根本学不下去，做些放松的事，心里又充满负罪感。有时他觉得自己快疯了，可在同学和亲戚面前还需要假装成精神饱满的样子。

魏风的父母非常疼爱他，即便双双下岗，只要是学习上的需求他们都会无条件满足，这让魏风每买一本书都会觉得肩上的负担更沉重了。为了让他上学近，父母把房子租出去，在学校附近租了一套房子，现在房东不租了，他们又要搬家，魏风要求回家住，妈妈不同意，说那样他太辛苦，这再次让他感到压力很大。

为了贴补家用，魏风的母亲在做服装生意，最近生意不太好，有时一回家就发脾气，这也影响到他的情绪。魏风的父亲在家里游手好闲，成天没有事做，而且很少干家务，这样的情况已经持续了两年。父母经常吵架，魏风现在已经麻木了，视而不见。魏风对父亲不出去工作很有看法，每次妈妈给他找工作他都不去，魏风觉得一个人活着就应该有追求，应该拥有面对困难的勇气，而不应该像他这样颓废。他的心灵深处有一个声音一直在喊："以后可不能成为父亲这样的人。"

魏风是一个很懂事的孩子，他看到母亲辛苦赚钱，一直在尽力为孩子创造好的生活环境，他暗下决心一定用成绩回报母亲。与母亲形成鲜明对比的是，父亲好逸恶劳，整天在家游手好闲。当他无法专注学习的时候，他内心最大的恐惧是自己会像父亲一样。"长大后我就成了你"是许多男孩内在的声音，他们渴望父亲能够给自己树立正向的榜样。

女性与男性相比，更能适应环境的变化，面对困难更坚韧，更能应对自如。而男人的自尊心要比女人强，在他们心目中面子比什么都重要。随着"她时代"的到来，女性在创造家庭经济重要来源的同时，还要顾及男人的面子，"女强男弱"的家庭模式会让男孩子担心自己未来也要在这样的环境中生活。因此，为了孩子，女性应给老公一些尊严和"面子"。

案例分享

林玉鸣是一名高级公务员，表面上他每天被人们尊重和逢迎，可身在其间的他最能体会其中的艰辛。他发现自己有时很脆弱，希望能够得到别人的理解和支持。

每当回到家，在儿子面前林玉鸣都装作一副很强大的样子，有"像山、像树"的气魄，仿佛自己是金刚之身，他觉得只有这样才能给儿子安全感，才能让儿子发自内心地佩服他。但当他自己排解不了负向情绪，又遇到孩子不听话，就会大发雷霆。

林玉鸣平静下来自问："是孩子的表现激怒了我？还是我转嫁了自己的负性情绪？这样做对孩子公平吗？"他看了一些家庭教育方面的书籍，

说父母与孩子之间能够成为朋友，但在具体问题上会存在分歧，双方的角色、视角和利益不是完全重合的。林玉鸣曾经几次想过将自己的苦恼告诉儿子，让他能够体谅父亲光鲜外表下掩盖的痛苦，可又担心在孩子面前丧失了尊严，儿子以后不会听自己的话了。

其实让孩子轻视你不是因为你告诉他们心中有痛苦和挣扎，而是隐瞒真相后的情绪波动、教育观念不连贯和朝令夕改。每对父母都应该具有走下家庭“神坛”的勇气，告诉孩子人到中年的烦恼——生理上，开始面临生理机制的变化，情绪波动大，同时身体也开始走下坡路；家庭生活中，他们上有年迈的老人需要赡养和照顾，下有孩子需要抚育和教育，他们是最不能倒下的人；事业上，可以用“不进则退”来形容，如果不努力工作，就意味着事业上很难再有大的发展。这么大的压力需要家人同舟共济，齐心协力共渡难关。向孩子倾诉还有几种好处：

一是树立孩子的家庭责任感。孩子总是希望父母能够把他们当作大人，让孩子知道大人的烦恼会让他觉得自己长大了，可以为父母分忧了。我曾经有一个学生，有主见、学习成绩优秀、工作能力强、考虑问题全面，当我问及他原因时，他说从上初中开始，就直接参与家庭决策，为父母分担忧愁，他说他永远忘不了爸爸与他以两个男子汉的身份长谈至深夜时的感觉，从那以后，他对家庭有了责任感，这种责任感也化作他学习永恒的动力。

二是有利于两代人的亲子沟通。父母想走进孩子的世界，但孩子认为这是单向的、不公平的，于是在亲子关系中，孩子本能地有了封闭倾向，如果父母能够主动地将成年人的世界有选择地展现给孩子，可让孩子打开心扉，达成有效的双向交流。有一个学生告诉我，有一天她在吃饭的时候犯了一个很小的错误，她的爸爸大发雷霆，她感到莫名其妙，觉得很委屈。饭后爸爸把她叫到阳台，向她道歉，并讲明了自己因为在工作中的不顺利而迁怒于她，当时爸爸看到她理解的目光十分激动，眼里含着泪花，而她也从此了解到爸爸的不容易，体谅了成年人的苦衷，对家长的情绪波动不仅不会批判，并且转化为家长心理上的支持者。

三是有助于孩子社会化进程的发展。许多父母不愿将社会中复杂的事情告诉孩子，不想让孩子过早失去童真。而我们将孩子放在真空里，并不能阻止社会发展的脚步，等孩子进入社会则有强烈的不适应感。孩子的社会化是一个进程，何不慢慢引导孩子进入社会呢？

我曾经做过一个家庭辅导，爸爸有严重的抑郁症，全家人都生活在压抑的气氛之中。他们来咨询时，14岁的女儿坐在一边不吭声。我问她怎么看，她说："我感觉他太难受了。"爸爸已经三个月不上班，他只看到外面的压力，却没看到家里有关心他的妻子和孩子。很多父母都以为自己的问题只要不和孩子谈，或者孩子不知道就没事。这个孩子的爸爸就说："我的事你不要管，好好念你的书。"我问孩子这样行不行，她哭了，说道："不行！我希望爸爸开心，希望家庭气氛好，我现在每天都不敢回家，不知道要面对怎样的家庭氛围。"其实家庭经历压力的时候，如果每个人都默默承受着这些压力，就会感到很孤单，相互有怨气。瞒着孩子，孩子会感到更困扰。我对他们说，外面的压力有时没法改变，但一家人可以团结起来，共同面对困难。如果三个人各自悲哀，岂不是更糟糕？最后，我让孩子和妻子走过来，让爸爸好好看看她们，他突然发现自己其实并不是那么孤单。女儿是爸爸的精神支柱，她和妈妈决定共同帮助爸爸，并把他从抑郁的状态中拉了出来。

向孩子适度示弱是缓释自己压力的最好方案之一。

认同母亲，让你的人际关系更和谐

如果有一位知书达理、有自己的事业并生活得很幸福的好母亲，她的女儿因为有可以模仿的榜样而成为幸福女孩，她的儿子知道了什么样的女生可以给周围人带来正能量。

有的母亲为了子女放弃了事业，有的母亲为了孩子节衣缩食，但她们给予孩子的却是有伤害的爱。

与母亲情感链接好的孩子善于人际交往，性格温和；与母亲情感链接不好的孩子则会重蹈母亲在人际交往中的覆辙。作为子女，应理解母亲，她性格中的缺陷与她成长的经历有关，当你内心接纳了她，你就会脱离她的影响，按照自己的规划发展自己的人生。

案例分享

刘舒羽觉得自己长得不丑，身材也挺好，但因为脾气不好，从来没有男生靠近过她。

刘舒羽的母亲是一名护士，她好像把耐心全给了患者，在家里脾气特别暴躁。平时刘舒羽和爸爸在家基本不说话，生怕哪句话惹着妈妈，每当妈妈咆哮的时候，刘舒羽恨不得一头撞死……其实她承认母亲挺贤惠，承担了全部的家务，勤俭持家，但她从来不感恩母亲，她恶化了家庭氛围，夺走了父女的幸福生活。

刘舒羽深受母亲恶劣脾气之害，从小到大她一直告诫自己，千万别急躁、别乱发脾气……哪怕遇到不公平待遇，她都会提醒自己要装作不在乎，控制住情绪。但非常遗憾，从小到大，她几乎没有过朋友。有一次，刘舒羽把一位生病的女生背到医务室，出于感激，那个女生告诉刘舒羽大家都怕她，都怕她发怒的样子。

刘舒羽在上初三的时候谈过一次恋爱，她发自内心地感谢那位男生，因为他的出现，使当时的刘舒羽对自己充满信心，她尽力按照自己想象中温柔女生的样子与他交往，但在交往的第二个月男生激怒了她，她不顾一切地冲他咆哮，那一瞬间，她觉得自己被母亲附体了……男生被吓呆了，缓过神来像躲瘟疫一样地跑了……自那以后，再没有男生和刘舒羽多说过一句话。

刘舒羽觉得自己生活在“人间沙漠”，在学校没人理她，回家又不敢理母亲，而父亲几乎丧失了语言功能，不是看报纸就是木讷、机械地做事，刘舒羽跟他说话，他没有任何反应，刘舒羽一直在想，父亲是结婚前就这样，还是婚后才变成这样？

舒羽母亲脾气不好，尽管很贤惠，却没有给父女带来幸福，更遗憾的是给女儿内心留下了阴影。但如果站在母亲的角度换位思考一下，自己付出了全部换来的却是父女无声的抗拒，她内心有怨气、委屈和不满等负性情绪也是正常的，而这些负性情绪她只能通过发脾气宣泄出来。

舒羽是一个自我觉醒能力比较强的女孩，从小就下定决心不要变成母亲的样子，所以她有意地压抑自己的情绪，即便面对不公平也装作不在乎。事实上，人的负性情绪不会自行消失，它只能由意识层面被压到潜意识层面，形成内在的痛点。痛点就像火药库，只要外界有激惹就会超强

度爆炸。舒羽和男友的那次爆发或许就是男生无意中点燃了她内在的火药库，她完全不能自控。负性情绪需要疏导，而不是压抑；性格温和是需要内心具有安全感，自我价值感高，而不是装出来的。

护士是一种高强度、高风险的职业，在工作中如履薄冰，一天下来心力交瘁，回到家没有体谅、温暖，只有父女冰冷的、不合作的态度，以及永远做不完的家务，母亲的心情会好吗？每一位希望自己变得更完美的女孩，从体谅和关心母亲做起吧！

案例分享

小娇不理解，为什么母亲在家里总是夸自己学习成绩好、人缘儿好、长得漂亮、皮肤好，但一到外面就表现反常，只要人家夸小娇学习好，妈妈就说她其实不聪明，有时还马虎，关键时刻掉链子；人家夸小娇长得漂亮，妈妈就说她其实长得很一般；人家夸小娇懂事，妈妈就说她特别笨，还懒……

小娇觉得妈妈特别虚伪，在家里以她为傲，在外面却总是挑她的毛病。小娇实在忍无可忍就跟妈妈吵了起来，妈妈告诉她说话不能说满了，千万不能落下说嘴打嘴让人耻笑的话柄。小娇不理解妈妈的思想为什么这么复杂？

小娇今年中考，按照她学习的状态肯定可以考上市重点，但当别人夸她时，妈妈就一直左躲右闪，说她特别容易关键时刻掉链子，考上二类学校就不错了。小娇觉得妈妈是咒自己。

小娇母亲内外不一致的原因有三点：一是中国式谦虚，无论心里对人家的夸奖有多么喜欢，但在嘴上却历数孩子的不足；二是担心孩子在未来成长的过程中，以及升学考试会有不尽如人意的地方，就先打个埋伏，如果结果好皆大欢喜，如果结果不好也不会因为之前说得太满而尴尬；三是看着孩子一天天长大，开始有自己的思想，离振翅远飞的时刻越来越近了，她开始有危机感。很多父母都怀念孩子小的时候，尽管一切依靠他们，他们很累，但他们同时对孩子拥有绝对的掌控权，他们将孩子对自己的依赖视为人生价值的体现。看着孩子一天天长大，不再那样乖乖地听他们的话，任凭他们的摆布，他们感到自己的权威地位在动摇、在丧失，同时他们对孩子是否具有独自面对生活的能力也有顾虑和担心。

小娇可以明确地告诉母亲，自己不是小孩子了，很在意公众形象，请不要在外人面前说有关自己的任何事情，无论是表扬还是批评，不希望自己成为成年人交流的话题。同时可以告诉母亲，无论自己多大都是她的孩子，是永远爱她的孩子。

建立个人信誉，提高生活自理能力，管理好自己的情绪，用自己的实际行动向父母证明你真的长大了。

在父母的婚姻关系下成长

丽珊夫妻—亲子互动模型

夫妻沟通模式对孩子的生活品质到底有多大的影响？近30年的临床心理咨询经验，使我充分意识到夫妻的沟通模式对孩子个性形成、人际交往品质、亲密关系质量都有着深刻而持久的影响。经过多年的努力和不断修正，我设计出一个坐标系。我们每一个家庭都可以在这个坐标系中找到位置。椭圆内为舒适区，绝大多数家庭在这个区域内，特点不明显，最多具有某种倾向性。越向两极发展，特点就越明显。

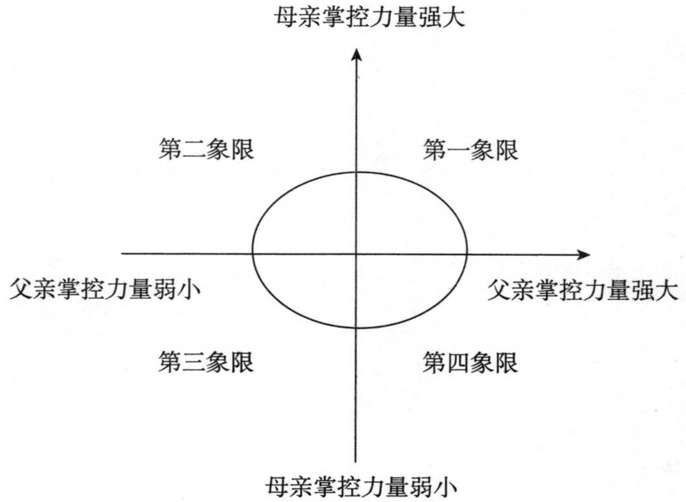

丽珊夫妻—亲子互动模型

该坐标系的横坐标是父亲掌控家庭气氛的程度，纵坐标是母亲掌控家庭气氛的程度，从而形成了四个象限。不同性别的子女身处同一个象限所形成的个性、思维、行为都会不一样。

一、不同的家庭，塑造不同的男孩

1. 无所适从的男孩

第一象限家庭的男孩：父母在家庭中都很强势，他们会以各种方式争夺家庭的主导权。男孩从小目睹父母所做的一切，他被双方的力量撕扯，变得缺乏主见，难以承担选择的后果。

这样家庭中成长的男孩进入青春期之后，可能向两个极端方向发展：

一是软弱、无主见、充满依赖。父母将孩子的生命能量彻底打压，使孩子在人际交往中表现出被动，容易被同龄人欺负。

二是反叛、无原则、无法自控。孩子的合理诉求通过正常手段无法得到满足，就会选择比较极端的方式，比如像父母一样大喊大叫，摔东西……有的孩子还会用逃学、谈恋爱、网络成瘾等方式挑战父母的权威，如果父母表现出无奈、无助、退缩，孩子则由此“症状”获益，他们会继续通过问题行为来争取“权益”。

2. 缺乏榜样的男孩

第二象限家庭的男孩：母亲在家庭中处于绝对强势，父亲处于弱势。弱势的父亲有其自身的问题，比如事业上不成功，性格懦弱，人际关系不和谐，等等。男孩从小就崇拜母亲，讨厌父亲的软弱无能，甚至会因为自己是男孩而自卑，对自己的未来缺乏信心。他习惯于被母亲全盘掌控的生活局面。

缺乏学习榜样的男孩无力应对生活中出现的各种状况，缺乏决断力。进入青春期之后，他像所有的孩子一样对成年人有了逆反心理，他会在周围寻觅比较强势，善于与成年人对抗的女生，希望以此获得与母亲抗争的力量。随着斗争的深入，他会依恋强势女生，如果被对方嫌弃则会变得更加被动和退缩，那样他会更加痛恨软弱的父亲和强势的母亲，将自己的不如意归因到他们的身上；如果他被强势女孩接受，则又陷入父亲的宿命。

3. 懂得爱和被爱

第三象限家庭的男孩：无论夫妻双方的社会角色和社会地位如何，他们在家庭中的地位都是平等的，谁也无心争夺家庭的主导权。在和平的氛围中成长的男孩，被成年人尊重的生活体验使他具有高度自我价值感，生命能量被充分地激发。男孩因为很小就被允许参与家庭决策，所以长大后会比较有主见，能够对自己的一切选择负责。

在与异性交往的过程中，这样家庭中成长的男孩的修养会自然地流露，他会有很好的异性缘，与异性交往的丰富经历使他对异性有全面的了解，也能够感悟出自己更适合什么样的异性。成熟而审慎的择偶要求为他完美的婚姻奠定坚实的基础。

4. 自以为是的大男人

第四象限家庭的男孩：在充满男尊女卑的家庭氛围中成长的男孩会不自觉地形成大男子主义价值观，这使他在与异性的交往中很难受人欢迎，这种环境下成长的男孩在他小的时候会以比较蔑视的态度对待女生，这会阻断他与异性间的交往。随着年龄的增长，当他看到周围的同龄人受到女生的欢迎并获得爱情，他会降低姿态，在与女生的交往中尽力克制自己的真性情。而长期的压抑会使他在某一个场景下爆发，激化双方的矛盾。但这个象限的男生因为具有责任感而让身边的女生有安全感，会收获女生的信赖和崇拜。

二、不同的家庭，塑造不同的女孩

1. 压抑或暴戾的女孩

第一象限家庭的女孩：在这种充满硝烟的家庭氛围中，女孩很难养成温顺的性格，她的内心总是涌动着反叛的能量。无意中学到母亲的强悍，她甚至会与母亲进行家庭权利的争夺，甚至用各种问题行为向母亲挑战，直至母亲不得不向女儿投降。

这种家庭的女孩常会为了展示自己的能量而缺乏自我约束和自我管理，造成人生的扭曲。我接待过有行为问题和情绪问题的女孩有一些来自这类家庭。

2. 进退两难的女孩

第二象限家庭的女孩：女孩对母亲训斥父亲的行为耳濡目染，这让她习惯了男人在家庭中处于忍让、服从的状态，也习惯了丈夫一切听从妻子的调遣、处于卑微地位的夫妻相处方式。

如果母亲能够很好地处理自己与女儿的关系，使女儿从内心认同母亲的话，在未来的婚姻中，她会模仿母亲。

如果母亲对女儿也表现得强势，女儿则会挣扎，站在父亲一边，为父亲抱屈，全盘否定母亲，与母亲争斗。这样的女孩在未来的两性交往中会比较尊重男性，但因为对母亲的否定隔绝了与母亲的感情链接，在情绪管理和人际关系方面会出现问题。

3. 善解人意的女孩

第三象限家庭的女孩：这里所说的掌控力量只表明在家庭中双方的互动表现，与夫妻二人的职业和社会地位无关。这样的家庭是平等的、民主的、和谐的。女孩充分享受着和平的氛围。因为在充满爱和理解的氛围中成长，使她的内心具有非常强大的力量，能够应对成长中的许多问题。积极向上的生活态度使她有比较好的包容性，拥有良好的人际关系。她会将人生的智慧带入自己的婚姻之中，并将爱的能量继续传递。

4. 充满纠结的女孩

第四象限家庭的女孩：父亲的强势使她生活在压抑的状态之中，她恨母亲的不争，鼓励母亲与父亲斗争，甚至支持母亲离婚，结束没有尊严和幸福感的婚姻。

这种环境下成长的女孩对男生充满了纠结。从情感上，她希望能够与异性交流，但从心理上，她对男生充满不信任，甚至排斥。

有的女孩因为与父亲的矛盾尖锐和激化，渴望寻找一个强悍的男生来保护自己，当自己与父亲斗争时，希望男生给予她力量，但她实际上又复制了母亲的命运。有的女孩在青春期会表现出低自尊，无原则地迎合男生，以此来维护“感情”，并希望通过这种做法来满足自己对原生家庭抗争的快感。

案例分享

林子辰是一名高二男生，他爸爸事业心强，当年的择偶标准就是没事业心、顾家即可。这种想法埋下了悲剧的种子。从林子辰记事起，妈妈总是因为各种原因和爸爸吵架。

林子辰的爸爸顶着压力成为一家大型央企的首席专家，为她创造了很好的家庭经济条件。在他的眼中，爸爸为人正直，他真不明白爸爸为什么选择一个和谁都处不好关系的女人结婚。妈妈总是跟林子辰说，男人有钱有权就学坏，她每天疑神疑鬼，给老公打电话只要没有及时接听，她就会发疯似的不停地打，有时会打几十个，还不停地跟儿子说：“他肯定跟野女人在一起……”

林子辰觉得妈妈特别财迷，尽管家里有钱，但她就爱买地摊货，他向妈妈提出抗议，妈妈就歇斯底里地问他：“打扮成花孔雀吸引女生吗？”林子辰现在特别矛盾，爸爸出差不在家时，他和妈妈在一起心里堵得慌，他盼着爸爸在家，和他聊一些有深度的话题；可爸爸在家，他又很紧张，因为妈妈总会为一点儿小事和爸爸无理取闹，大喊大叫……

林子辰妈妈的两个姐姐都离婚了，她们的言谈中充满了负能量，他不让妈妈和她们有太多交流，妈妈却骂他：“你太势利，满脑子都是你爸爸。他如果有外遇了，你也没有好果子吃。”林子辰心情特别沉重，他不知道爸爸博学、睿智的背后是不是包藏着祸心，不知道妈妈这样步步为营会拴住爸爸，还是将爸爸逼走。

“生活是最好的老师。”一个高二男生居然可以透过父母互动，开始思考夫妻相处之道了。

造成子辰母亲目前的状态有三个成因：一是她的原生家庭。我在20多年婚姻治疗中得出关于婚姻的一些规律：一个家庭中的姐妹在对待婚姻的态度上有很多相似之处。两个姐姐的离婚使她不相信男人，对婚姻没有信心。二是她信奉“人本恶”，在与人交往中，她处处设防，甚至会“先下手为强”，这势必造成被群体冷落或排斥。三是她对未来的生活缺乏起码的安全感，她不敢花钱的原因是预设老公离她而去后如何维持生活。

面对父母的互动，孩子最好保持沉默，避免由此被带入负性情绪的“联动性不安”之中。如果父母能一起接受婚姻治疗，在心理咨询师的陪伴下，检视自己在婚姻中的表现，并进行科学的调整和优化，这样就能最大程度地建立信任，并减少彼此的伤害。

呵护家庭，除了有爱之外，更要有智慧！亲密关系是人际关系中最难维系的，当一个人难以协调普通人际关系时，就更难驾驭亲密关系。

孩子的理解才能塑造更优秀的父母

美国社会学家玛格丽特·米德在《文化与承诺》一书中将时代划分为前喻文化时代、并喻文化时代、后喻文化时代。前喻文化时代泛指农业社会，社会知识和生产技能靠口耳相传，新生代要向老一辈学习；并喻文化时代泛指工业社会，年轻人和年长者就知识和技能的掌握互有胜负；后喻文化时代泛指信息社会，新生代对知识和资讯的拥有量多于老一代。在任何一个时代，最灵活的部分便是最能影响大局的部分。后喻文化时代的亲子沟通，孩子是最灵活、最积极、最具有执行力的一方，孩子的心智成熟及行为发展与父母有很大关系，但孩子的理解才能塑造更优秀的父母。

1. 理解父母的焦虑

父母在教育孩子的过程中没有可以借鉴的直接经验，又因为孩子少，他们输不起。随着孩子的成长，父母会因为不了解孩子而困惑、迷茫、无助，用错方法也是在所难免。孩子经常与父母玩“捉迷藏”的游戏，心里有事不告诉父母，反过来又说父母不理解自己，这对父母公平吗？

2. 不要苛求父母

成长在不同时代的人要充分尊重彼此的爱好和价值取向。孩子最反感父母对自己横加干涉，却强行让父母充分理解孩子，不然就给他们脸色看。

让父母关心他们想关心的事，做他们想做的事，这样他们就会尊重孩子的爱好，理解孩子的想法。如果孩子能够虚心地和父母探讨他们的经历，就会缩短彼此的情感距离。

3. 及时鼓励

父母同样需要鼓励。孩子要用自己的实际行动告诉父母，他们正在慢慢长大，每天都有进步，没有辜负父母的期望。中国人对待感情比较含蓄，尽管心中对父母充满感激，但不好意思表达出来，缺少情感沟通。当父母为你付出的时候，要真诚地说一声“谢谢”，这是对父母的一种鼓励。

4. 不做辜负父母信任的事

父母一旦发现孩子有说谎的习惯后就会时刻提高警惕，加强戒备，对孩子失去信任。如果已经形成了这种局面，孩子应该想办法重塑形象、重建信任。做人要诚实，要勇于承担责任，不要用谎言逃避责任，因为在欺骗父母的同时，你不仅失去了父母对你的信任，也丧失了自由选择的权利。

5. 虚心向父母请教

父母阅历丰富，他们愿意将自己的想法和感受告诉孩子，希望孩子少走弯路。聪明的孩子应该跟父母说“我需要你们的帮助”，告诉他们，在成长的路上你不是一个人在战斗。

6. 选择恰当的谈话时机

人到中年要承受各种压力。他们在事业上不进则退，在家庭中上有年迈的老人要赡养，下有孩子要抚养，他们是家庭中最不能倒下的人。为此，他们的情绪常处于波动和烦躁之中。父母情绪低落时，孩子最好不要倾诉心事或提出要求。父母心情放松时才能与孩子进行良好的沟通。

7. 同伴凑在一起要多赞美父母

青少年凑在一起抱怨父母的不当言行是一种不良的人际交往模式。这样做会放大父母的缺点，并将自己家庭的问题暴露在同学面前，还可能让对方小瞧你的父母。一个对养育自己的父母都不懂得感恩的人，会赢得别人的信任和尊重吗？

完美的父母需要孩子用心塑造，就像我们常说孩子的良好品质需要父母用心培养一样。只有父母和孩子共同用心创造和谐的家庭氛围，才能营造宁静的心灵家园。

心灵作业

回顾成长中你与父母的互动

1.童年时，你有什么令人难忘的回忆吗？

2.你最喜欢父母的哪些方面，最不喜欢的又是什么？

3.你小时候受过伤害吗？你对什么感到失望？

4.你有哪些爱好？你最喜欢玩的游戏是什么？

5.你小时候的梦想是什么？

6.你喜欢童年时代的自己吗？为什么喜欢，又为什么不喜欢？

7.父母做过令你失望的事情吗？你是如何面对的？

8.你与父母的沟通范围广泛吗？

9.你与父母的沟通是倾向于谈论事实还是倾向于谈论感情？

10.在与父母交谈时，他们会流露自己的真实感受吗？还是对自己闭口不谈？

11.你认为父母真正理解你吗？

12.父母觉得你理解他们吗？

心灵测试

父母教养方式测验

父母的教养方式对子女的成长至关重要。请仔细阅读下面每一个问题，然后根据实际情况选择最符合的一项。回答的过程是你厘清思路的过程，如果有机会与父母分享答卷，可以就教养方式和他们进行讨论，并寻求改善。

题号	题目	从不	偶尔	经常	总是
1	我觉得父母干涉我所做的每一件事				
2	能通过父母的言行举止感受到他们很喜欢我				
3	父母总试图潜移默化地影响我，使我成为出类拔萃的人				
4	我觉得父母允许我在某些方面有独到之处				
5	父母对我很严厉，但惩罚是公平的、恰当的				
6	父母将他们的观念强加给我				
7	在我小时候，父母曾当着别人的面打我或训斥我				
8	当我遇到不顺心的事时，父母会尽力鼓励我				
9	父母总是过分担心我的健康				
10	如果我做错什么，父母总是用各种方式激发我的负疚感				
11	我觉得父母难以接近				
12	父母经常将我跟他们说过的心里话告诉别人，使我很难堪				
13	父母在人际关系方面处理得不是很好，他们总是在家里抱怨人心险恶				
14	在父母的心目中，分数比什么都重要				
15	遇到困难，我不愿意跟父母说				
16	父母认为是我的表现不好而造成家庭气氛不愉快				
17	父母认为我的某些行为很“丢人”				
18	父母对我喜欢的朋友总是很挑剔				
19	父母向我表达他们是爱我的				
20	父母对我很信任且允许我独自完成某些事情				
21	我觉得父母很尊重我的观点，我们可以平等交流				
22	如果我没有达到父母为我设定的目标，他们会唠叨为我花了多少钱				

续表

题号	题目	从不	偶尔	经常	总是
23	我觉得父母在尽量使我的青春更有意义和丰富多彩				
24	父母经常跟我说："这就是我们为你整日操劳而得到的报答吗？"				
25	父母常以不能娇惯我为借口而不满足我的要求				
26	如果不按父母所期望的去做，他们就会让我良心上感到不安				
27	我伤心时，可以从父母那儿得到安慰				
28	我做同样的事情，是否被批评完全取决于父母的心情				
29	在父母眼中我几乎一无是处				
30	父母关注我交往什么样的朋友				
31	父母习惯于批评、指责我				
32	父母曾无缘无故地打过我				
33	父母通常会参与我的业余爱好活动				
34	父亲对我该做什么、不该做什么都有严格的限制，而且绝不让步				
35	父母感情很好，看着他们让我坚信爱情				
36	我觉得父母总是很夸张地认为我身边有太多危险因素				
37	父母总是拿我和别人家的孩子比				
38	我觉得和父母在一起总有温暖的、体贴的、亲切的感觉				
39	父母能容忍我与他们有意见分歧				
40	父母常常在我不明原因的情况下对我大发脾气				
41	当我所做的事情取得成功时，我觉得父母为我自豪				
42	父母经常拥抱我				
43	父母性格开朗，他们总是给予我正能量				
44	父母与周围人关系和谐，热爱生活				

请将你的答卷与父母分享，使亲子双方增进了解，优化互动。

第七章
成长加速，让你的学习力也加速

个人的学习力，不仅包含学习者的知识储备量，也包含知识质量，即学习者的综合素质、学习效率和学习品质，还包含学习流量，即学习的速度、吸纳和扩充知识的能力。更重要的是，还要看学习者对学习成果的创新程度以及把知识转化为价值的程度。

多维度提高学习力

什么是学习力？学习力是指一个人或一个企业学习的动力、毅力和能力的综合体现，它包括学习动力、学习毅力和学习能力三要素。学习力是把知识资源转化为知识资本的能力。个人的学习力，不仅包含学习者的知识储备量，也包含知识质量，即学习者的综合素质、学习效率和学习品质，还包含学习流量，即学习的速度、吸纳和扩充知识的能力。更重要的是，还要看学习者对学习成果的创新程度以及把知识转化为价值的程度。

学习力对于个人和组织都是核心竞争力，国内的管理学专家结合中国的实际情况，用学习力的五种曲线描述不同人的不同发展轨迹：

蒙智曲线：这类人通过学习获得知识的能力明显不足，“蒙智线”实际是一条低而平的直线。

早谢曲线：这类人多数在青少年时期接受学校教育，一般取得高中学历，掌握基础知识，具有通过学习获得知识的初步能力。18～20岁学习力达到高峰，此后学业松懈，学习力下降。

中庸曲线：这类人多数接受过高等教育，通过相关专业知识取得专业技能以及相应的高等学历、学位，随后缓慢掉头下行。

卓越曲线：这类人工作后，开启“第二次学习”，学以致用，学习力继续向高位强势攀升。在职业生涯结束的时候，学习力达到高峰，随后缓慢下降。

睿智曲线：这类人一生当中，学习力始终保持上升趋势，直至生命终结。这是智慧人生，这类人是出类拔萃的顶尖人才。

各位同学，你选择哪条曲线？无论你现在就读于哪所学校，只要你具有“王侯将相，宁有种乎？”的豪情，你就具有选择的资格和机会，机会总是青睐有准备的人。

一、学习动力

学习动力是指学习者自觉学习的内在驱动力，主要包括学习动机、学习情感和学习兴趣。

学习动机分为可持续发展型和枯竭型两种。

可持续发展型的学习动机包括两种需求，第一种是求知的需要，学习者将学习作为成长的手段，充分享受学习的过程。创新已经成为未来社会对人才的基本要求，创新的来源不仅在于知识的深度，更在于知识的广度。拓展自己的视野，让自己在发现中学习，在发现中强化学习的动机。一个人如果视野开阔了，对课堂学习也将有了新的认识和领悟，这有利于促进课堂知识的吸收。例如，喜欢理科的同学认为数、理、化、生让他们弄明白了许多自然现象，提高了生活中解决问题的能力；喜欢文科的同学认为社会科学可以让人了解社会发展的规律，博古通今，还可以通过学习认清自己，明确前进的方向。可持续学习动机的第二种需求是自我完善的需要。一些学生通过学习做人做事来提高自己的各种能力，让自己更好地发展，收获幸福。

孔子说：“学而时习之，不亦说乎。”“学”和“习”是两件事情，“学”是以要学的内容为中心，“习”是以学习者为中心。“学”是有目标的，是储备的过程；“习”是一个化合的过程，是学习者在“学”的基础上通过不断练习，克服各种障碍，逐渐掌握知识的过程，这个过程本身就伴随着掌握的快乐和征服的喜悦。能力一旦掌握就很难忘记，比如大家一旦会骑自行车，无论间隔多长时间，只要需要骑，这种能力马上就会被唤起。“学”的过程是搬运，是储备，“习”的意义是从输入到输出，由“要我学习”升华为“我要学习”。诚如一些同学认为通过完成学习任务所掌握的学习技能是一生立足社会的资本，是取之不尽的财富。

枯竭型的学习动机就是为了面子和虚荣心，与他人盲目攀比，情绪也随着成绩的涨跌而起落。

案例分享

这是一位重点高中高二男生的学习经历。这位男生读初三的时候非常逆反，但因为基础比较扎实，还是顺利升入重点高中。高一他因为准备出国耽误了许多学校的课程，暑假前的期末考试已经是班里倒数第一。

这位男生的家长对他出国上大学比较担忧，因为我对国外留学生的情况比较熟悉，当他的家长向我咨询孩子是否适合留学，我结合家长对孩子学习的主动性、情绪管理和自我管理等方面的担忧，以及孩子主观上并不希望出国等因素，建议他还是参加国内的高考，大学毕业后再考虑是否出国读研究生。

既然决定放弃参加国外高考，那么高一落下的知识怎么办？暑假期间，男孩的家长为他找到了南开大学的物理、化学、生物的教授进行一对一的辅导，站在更高的视角帮助他梳理高一的知识，这种方式极大地激发了他对学习的兴趣，他主动学、勤奋练。高二开学的验收考试，他达到了班级中等水平，高二第一学期的期末考试成为班里的前十名，第二学期的期中考试已经成为班里第一了。

这位男孩在后续和我交流的时候特别真诚地说：“我真切地体会到主

动学习对一个学生的重要性。尽管现在没有学科老师一对一辅导我了，但我已经掌握了学习方法，最重要的是我热爱学习了，学习让我体会到从未有过的成就感。我要考上清华大学！”

爱因斯坦曾说，热爱是最好的老师。上文中这位高二男生的父母给孩子选择了不同学科的大学老师，这些老师带领孩子走上了他学习之路的第一级台阶，正如马丁·路德·金所说：“只要你登上了第一个台阶，楼梯就能引领你往上走，只要你肯于付出努力，不断地上楼梯，你总将会站得比别人高，看到别人难以看到的风景。”高中阶段，如果仅仅满足于听老师讲，即“知其然”，而缺乏对“知其所以然”的学习兴趣，没有形成独立的思考能力，就很难强化持续型学习动机。

案例分享

吉展硕是一位省重点学校“校中校”的初三男生，自从上初三之后他始终无法进入学习状态，总是以各种理由不去学校。吉展硕一脸正气地告诉我不去学校的原因是担心自己会被那些坏学生带坏了。在他的眼中，他所在班级的班风不正，一些学生平时在家偷着努力学习，上课时故意扰乱课堂秩序，他根本无法听清老师所讲的内容。而恰恰这种学生在学校却要风得风，要雨得雨。曾经名次与吉展硕不相上下的徐天升入初三后上课捣乱、下课打架，考试名次却始终在前五名，把吉展硕远远地抛在后面。

在咨询中我了解到，吉展硕的学习基础很扎实，只是进入初三之后，他在与假想敌徐天的较量中明显失利，他选择了逃避。我告诉吉展硕，以他现在的学习状态，成绩会继续下滑，如果高中留在这个“校中校”或进入更差的学校，他的“一脸正气”会让他成为彻底的小众。而省一中里绝大多数学生都像他一样，他就成了“大众”，在那里他会如鱼得水。吉展硕感觉到“醍醐灌顶”，他不再与假想敌“竞争”，而开始和自己赛跑。中考后他如愿进入省一中。教师节我收到他寄来的贺卡：“您是我的指路明灯！”

中考对于学生来讲，意味着未来三年与什么样的同学共处的问题。

学习兴趣是个体力求探究事物的主观意愿，并带有强烈的感情色彩，它在学习活动中产生，可成为学习动机中最现实、最活跃的因素，它会使孩子的学习变得积极、主动。如果热爱学习，孩子就会保持良好的学习状态，克服暂时性的困难。我曾接触过一些痛恨课业学习的学生，尽管他们也会在一定时期取得好成绩，却缺乏可持续发展的动力，往往在冲刺阶段因为情绪不稳而出现学习大幅滑坡的情况。

案例分享

李大龙是初三男生，他觉得自己快被母亲逼疯了。在李大龙的眼中，母亲就是一个势利小人，做什么事都想走捷径、抄近道，在她的概念中，不占便宜就等于吃亏，不捡钱包就相当于丢钱。原本李大龙一家三口过得还不错，但自从母亲知道周围的同事和朋友都给孩子办了蓝印户口（一种介于正式户口与暂住户口之间的户籍）之后，她天天像中了邪一样，使出浑身解数，也给李大龙办了蓝印户口，让他到天津上学。在母亲的心目中，有蓝印户口则代表家里有钱有势，重视孩子的教育，孩子的成绩好，可以考上一流的大学，等等。“我可不能让人家瞧不起”是母亲的口头禅。

到了天津，母亲打听到一个小道消息，如果在数学奥赛中获奖，可以得到进入全市最好高中的保送机会。她汇总各方面的信息，给李大龙报了一个历年奥赛获奖率最高的课外班。李大龙非常配合，全身心投入奥赛训练中，忽视了其他科目的学习。4月初，家长会教务主任宣布中考政策，只看中考成绩，竞赛成绩不在考查范围之内。这时，大龙的名次已经由班里前5名下滑到30名，母亲急了，让他马上放弃竞赛。一年多的努力前功尽弃。在她的眼中，儿子就是学习机器，儿子的分就是她的脸。儿子成绩不好，她就没脸了。儿子焦虑，她比儿子还焦虑，她整天唉声叹气："肯定让别人看笑话了。"

李大龙在学习上投入的时间和精力比其他同学多，但因为方向上的失误而造成学习成绩下降。母亲争强好胜，希望通过打探小道消息帮助儿子走捷径，结果却给儿子添乱。她现在充满了内疚和自责。

大龙的学习能力强，如果静下心来梳理一下中考的知识点，看自己是否有知识的漏洞，及时向任课老师求助，课堂上紧跟老师的复习节奏，积极落实，应该还是有机会的。

心航路教育心理机构统计显示，因异地求学产生的心理困扰占中学生接受心理咨询的41.37%，他们中85.7%是母亲陪读的。进一步分析造成这种现象的原因，主要源于以下几个方面：一、办理异地求学之前只看到有利的一面，对困难估计不足，盲目跟风和攀比；二、陪读中母亲因放弃事业，远离既往的社交圈，自我价值感急速下降，没有事业支撑的她们，把最后的希望寄托在孩子身上，想通过孩子的高分来提高自己的价值感，给孩子施加超负荷的压力，破坏了亲子关系；三、经济上的支出严重超出预算，两地教材的差异，异地求学往往需要一对一家教，造成求学成本加大；四、母亲在情感上缺乏与老公交流，令她在婚姻中的安全感降低，出现情绪失控。

二、学习毅力

学习毅力是指自觉地学习并努力克服困难实现预定学习目标的状态，

是学习行为的保持因素，在学习力中是一个不可或缺的要素。学生没有选择所学内容的自主性，在一定程度上说，完成课业学习本身就是不断经历挫折、总结经验教训、自我激励、学习与人合作、提升自我解决问题能力的过程。

案例分享

侯芝延是一名高三女生。从小学开始，老师们都说她虽然不聪明，但踏实、努力，所以成绩优异。当时她觉得这是在夸奖她。她高考的目标是二本，可“一模”的成绩却离目标有不小的差距。她静下心来反复琢磨之前老师说的话，她终于明白了，老师们早就看出自己很笨，只是看在自己努力学习的份儿上鼓励一下她而已。她坚信笨鸟先飞早入林，于是打算放弃今年的高考，从现在开始为明年的高考做准备，别人考一遍，自己考两遍总能考得好一些吧！

侯芝延看过我的《高考成功赢在心态》一书，知道复读不仅很辛苦，而且还要考验一个人的心理承受能力。她觉得自己不怕辛苦，只是找到提高成绩的捷径有些晚。在决定复读之前，侯芝延看见班里几位同学在外面上一对一家教成绩提高很快，于是央求父母给自己也报一个，一次性交了5万元学费。每天放学之后就去上一对一，晚上10:30到家再吃晚饭。辛苦了一个月，“二模”成绩不升反降，她很沮丧。家教说是因为她对所学内容没有落实，学校老师一再强调让她先完成课内作业……两边忙却都没有落好，侯芝延不知道应该停下哪边的课。更让她恐慌的是，怕父母埋怨花了钱又不去上家教……现在她终于想出万全之策，复读就不浪费家教的学费了。

芝延之所以“二模”成绩不好，是因为陷入顾此失彼的境地，忙于上课却无法落实学校老师和一对一家教所讲的内容，节奏完全乱了。此时不能停下学校的课，那只能放弃家教，可又担心父母埋怨她乱花钱。付出的比别人多，收获的却比别人少，而且还让父母、学校老师和一对一老师都不满意，真是焦头烂额了。

我建议芝延先放弃复读的想法，奋力备战今年的高考，并给了她一些建设性意见。首先，大胆地和父母说不去上一对一家教了，至于费用问题由父母去交涉；其次，告诉学校老师自己走了点儿弯路，现在回归学校，希望得到老师的体谅和帮助；最后，根据自身情况掌握学习技巧，她目前应该放弃难题，夯实基础知识。

人在成长过程中获得的知识是通过直接经验和间接经验的学习来实现的。学习是一个大概念，包括学习做人、做事两大范畴。一段时间以来，学习已经被狭义地理解为课堂学习成绩，对于学生做人的考核已经淡化、弱化、无标准化，而做事能力也只强调课业成绩。中国曾经有句俗语“一白遮百丑”，而现在用在学生身上则是“分高遮百丑”。成绩好的学生在其他方面的问题往往被成年人所忽视；成绩不好的学生即便身上有很多优点也被忽视。学习内容属性的狭义使学习考核的标准出现了构建上的严重缺失，也成为我们教育的隐患。

三、学习能力

学习能力是指接收新知识、新信息的能力，以及利用所接收的知识和信息分析问题、认识问题、解决问题的能力，主要包括感知力、记忆力、思维力、想象力等。

学习能力有几个重要特征：一是自主性，指个体自觉、自愿地去学习；二是能动性，指个体富有创造性地去学习，同时还要善于转化成生命所需要的物质和精神能量；三是创造性，学习的最终目的是创新和创造，而不是简单重复。

如果一个人有强烈的学习内驱力，当学习的需要得不到满足时，机体内部会产生一种内部驱动的刺激，使学习处于一种激发状态，自主学习促使其需要得到满足。一个人在学校学习的东西，大学毕业后5年能用到的不到20%，以后更是绝少用得到，那是不是未来不用这些具体知识现在就不用学了呢？

案例分享

宗子铭是一名初三男生，他最近开始认为学习没有用，总有一种被成年人愚弄的感觉。他以前学习一直很拼命，临近中考，每天放学后还会跟家教学习到晚上十点半。有一天宗子铭实在太累了，迷迷糊糊地听到家教老师说："你们现在学的知识没有一点儿用。"他当时被惊出了一身冷汗。既然没用为什么还要学呢？自从听到这句话，他就再也提不起学习的兴趣了。

宗子铭对不明白的问题就到网上搜答案，针对"到底现在学的知识是否有用？"这个问题，网上很多过来人都吐槽，别说中学时学的知识，就连大学所学的知识都100%没用。宗子铭更加困惑了：既然老师们明明知道这些都没有用，为什么还在课堂上煞有介事地说学习知识多么重要呢？

现在学习的根本目的是培养良好的学习能力，因为知识会不断更新，而留下来受用终身的则是学习能力。教材安排的知识只是载体，创造一个学习环境，启发孩子对未知事物的好奇心以及广泛的兴趣，激发学习动力和学习欲望，在学习的过程中帮助学生架构完整的知识体系，学会学习各个学科的方法，让学生拥有自主获取知识的能力。

每一位学习者都应该知道，对于学习这件事，主观目标越明显，就越能够放下包袱，并调动学习的主动性，学习也就成了有趣的事。

战胜厌学情绪

近年来，厌学群体呈现出几个显著的特点：一是人群低龄化。原来多是初中二年级以上才出现厌学情绪，目前我接触到的年龄最小的才上小学二年级。二是人群多元化。原来都是学习成绩不好的学生会厌学，现在成绩好的也厌学。一位市重点学校高三年级前二十名的学生告诉我，她之所以刻苦念书就是因为太讨厌学习了，希望再忍忍，考上大学再也不用学习了。三是厌学人群比例加大。据权威部门统计显示，目前有58%的在校学生存在明显的厌学倾向。探究学生厌学的各种因素，优化学生心理环境，对学生进行科学的正向引导，已经迫在眉睫了。

案例分享

高一女生史娜没敢参加这次期中考试，她宁可没有结果，也不想知道不好的结果。高中的课程太难，她学不下去了。无论是平时还是考试，只要遇到难题她就很急躁，无法控制自己的情绪。这点特像她爸爸。在她的印象中，爸爸总是喝得醉醺醺的，回家看什么都不顺眼，还爱乱发脾气，甚至打妈妈。史娜希望保护妈妈！初一时她和爸爸约定：如果爸爸戒酒，她就努力学习，争取考取重点高中。父女俩都挺守信用的，爸爸三年几乎没有喝酒，她也拼命念书。升入重点高中后，随着学习难度的加大，史娜开始担心爸爸会以自己学习不好而又喝酒，她越是这么想就越学不下去……爸爸最近生意不顺又开始喝酒、乱发脾气，史娜看着妈妈流泪的样子，心里特别自责……

史娜为了家庭和谐，勇于以努力学习为条件，来换取父亲不喝酒、不发脾气。这种约定成了她初中时代学习的内驱力，并克服各种困难考入理想的高中。但同时这个约定也使她的学习承担了本不应承担的负荷。跟初中相比，高一的课程难度加大，许多学生以为升入高一可以喘口气，没想到比初三还累，很多同学都处于焦虑之中。

我建议史娜选择合适的时机与父亲平静地交谈一次，告诉他自己的感受，如果没有把握保证谈话顺利进行，可以采用写信的方式与父亲交流。同时我也建议史娜不要过多介入父母的事情，应多向母亲表达自己的爱，鼓励她接受婚姻治疗，让他们享受和谐的夫妻生活。

案例分享

陈怡菲原本与世无争，但上高二后她被选进了重点班，这种轻松的生活也被破坏了。高一时陈怡菲轻轻松松就能稳居班上前十名，她很享受不被老师关注的逍遥生活。高一期末她竟然考到班里第二名，然后被分进了重点班。说实在的，绝大多数学生都希望进重点班，配备的老师好，学生素质高，学习气氛浓……

陈怡菲陷入了痛苦之中。重点班的同学在高一已经相处了一年，彼此都很熟悉，师生配合也很默契，她觉得五个新来的插班生与这个集体格格不入。陈怡菲的数学一直不太好，老师当着全班同学的面说她不听话，不及时落实知识。从小到大都没有被老师批评过的陈怡菲在这种环境下感到紧张、压抑，还出现了明显的考试焦虑。她觉得自己是老师眼中的“笨大姐”、班里的后进生。

学校根据学生的成绩排出重点班和普通班的目的是因材施教，但却给老师、学生和家长一种暗示，重点班的学生成绩就应该出类拔萃。重点班的课程多、学习难度大、上课进度快，老师鼓励同学展开学业竞争。高一年级重点班的同学已经比普通班的同学多学了很多知识，所以高二新加入的同学容易排名靠后。如果实在难以适应这个班，可以跟父母说，让他们找学校领导，商量是不是可以回到原来的班。

遇到问题不要紧张，理性思考是不是有挽回的余地。如果不行，就主动向班里同学示弱，寻求帮助，力所能及地多为班级服务，帮助自己建立归属感和安全感。

每年中考结束，许多家长都会慕名找我咨询，他们经常会问一个我很难回答的问题："丽珊老师，您说是做'鸡头'好还是'凤尾'好？"升学只是人生一个阶段的开始，不可能确定一个人在社会中的绝对位置。学生时代的"鸡头"和"凤尾"是动态的抗衡，不是所有的人都可以做"鸡头"，也不是所有的人都要做"凤尾"。我们先来界定一下什么是"鸡头"？它是指以自己的水平能够在团队中名列前茅的人。选择做"鸡头"的好处是会使人处于一种自我肯定、自我满足的情绪状态之下，在学习上会更加自信；弊端是学业上的绝对高位会使进取心慢慢钝化，从而使个体成绩在同龄人中处于普通位置。

那什么是"凤尾"呢？它是指跨越自己水平所属的群体，加入比自己高出一个或几个层次的团队的人。选择做"凤尾"的好处是在竞争氛围中强化个人的学习动机，领略提升感，如果具有良好的心理素质又敢于竞争的话，会激发人的潜能；弊端是由于综合实力难以满足环境对个体的要求，很难体会成功感，容易打击自信心，甚至有的学生在个性和人生观上发生扭转。

下面我们来具体说说什么样的人可以选择做“凤尾”。

一是在中考中因不可控的因素而出现失误的学生。比如，因为身体受伤没有进行有效的总复习而影响中考成绩，同时又具备强烈的竞争和提升意识的学生。他们会在新的环境中努力创造好的成绩。

二是有积极的学习态度和良好品质的学生。我曾经有一位来自区级重点学校的学生，他对学习特别热爱，尽管在原校可以稳居优秀的位置，但他希望到更好的学校，给自己提出一个新的挑战。到了市重点学校以后，他依然力争上游，在高中二年级时就已经位居班级的中上游，高考顺利考入复旦大学。

三是头脑聪明但动力不足的学生。有一类学生总是以一种“中庸”的姿态面对学习，不求上游，这样的学生如果到高一级的学校，浓厚的学习氛围会感染他，如果他发挥自己的潜能，学习水平会有质的飞跃。

那什么样的人最好不要选择“凤尾”呢？

第一是自我心理调节能力弱的学生。曾经有一位心理问题严重的学生来找我咨询。他的家长出于虚荣心，在未经他同意的情况下，将他送到了一所高级私立学校。在学校他不被老师重视，遭到同学的歧视，在学习上没有成就感，强大的压力使他丧失了学习的兴趣。这种选择牺牲的不仅是孩子的学业，还牺牲了孩子健康的人格。

第二是“成就动机”过于强烈的学生。比如在中考中出现严重的考试焦虑，又没有经过系统的心理辅导的学生，失败的阴影深刻地留在潜意识之中，再次面对大考的时候又会出现问题，并且因为这个问题沉积过久而加大了心理调整的难度。

第三就是学习方法落后而又不善于借鉴好方法的学生，他们很难适应新环境紧张的学习气氛。当他们面对高密度、高难度的学业时，会感到无所适从，最后会陷入得过且过的恶性循环。

高效率学习法

要想成为高效学习者，就必须具备科学的学习理念和有效的学习方法。

一、科学的学习理念

知、行、意是中国古代传统文化中十分重要的概念，“知”指知识和技能；“行”指过程与方法；“意”指情感与态度。高效学习法就是知、行、意的完美结合。在掌握高效学习法之前应先明确学习的理念。

1. 对自己的选择负责

请你确认一下，你真的渴望在学业上获得成功吗？要取得成功，你最先需要做的事是什么？那就是对自己的选择负责，不能半途而废。

2. 做事时要明确自己的价值观

价值观是很具体的，比如，你真的认为“在校学生一定要努力学习”吗？如果你对此存在怀疑，就很难获得高效的学习方法。

3. 安排好事情的优先顺序

提高效率的关键是先将事情按照重要且紧急、重要但不紧急、不重要但紧急、不重要也不紧急进行归类，然后按照你事先设定的先后顺序逐一完成。在此过程中要具有抗干扰的能力，避免被外界事物影响，造成目标偏离。同时也要大胆放弃那些“不重要也不紧急”的事情。

4. 身心合一，做高效执行者

规划好了就要彻底执行，在人才选拔中执行力是一个重要的考核指标，如果一味地想而不去做，不但不能获得成功，而且会给别人留下不务实的印象。

二、有效的学习方法

1. 预习是学习的重要环节

预习是为高效率听课做铺垫。预习从时间和内容上可以分为三类：一是课前预习，二是阶段预习，三是学期预习。课前预习，就是在上新课前预习下一节课的内容；阶段预习，就是用较长、较多的时间预习一章或多章的内容；学期预习，就是在假期中预习下学期的内容。

在预习中，要边阅读边记笔记，把重点和不懂的内容纲要记在笔记本上。预习成败的关键是独立思考、发现问题、提出问题。预习中要先思考，后查资料；先发现问题，后提出问题；先看清意思，然后再做笔记。

2. 有效的听课方法

听课时，思路要始终与老师保持一致，听老师对问题是怎样分析、推理的；观察老师解决问题时所用的方法和技巧；体会老师对问题的提问和解释。这样才能把握住听课的重点。

课堂上要把自己在预习中的理解，和老师的讲解相比较，看自己和老师有哪些相同点和不同点。通过这种比较，一是加深对教材的理解；二是加强自己对问题的思考与认识；三是发现自己在预习中的不足。

在听课的过程中要合理地利用笔记本，学会记笔记。笔记本具有三个作用：一是预习记录，以明确听课的目的性；二是课堂上记下老师讲的整体构思或板书样式，以利于从整体上把握知识结构或知识要点；三是有利于课后总结，用它来对听课内容进行整理，达到消化、吸收和巩固所学到的知识，并为今后的复习留下一份完整的资料。笔记一定要有留白的地方，每个人学习的不同阶段对于一些知识都会有感悟，所以留白很重要。

一个学生记笔记的水平在一定程度上决定了他学习的态度、能力，并能预测未来在学习上的成就。

3. 合理安排复习时间

科学家通过研究发现，有几个时间段有利于巩固记忆。一是学习后最初几分钟内复习；二是学习后在48小时内复习；三是一周之后，这个时间段脑突触发生永久性变化。

著名的心理学家艾宾浩斯通过实验发现了人的记忆与遗忘规律，如下图，学习的内容即将忘记时进行复习，那么复习的效果最好，效率也最高。图中竖轴表示学习中记住的知识数量，横轴表示时间（天数），曲线表示记忆量变化的规律。这条曲线告诉我们，人在学习中的遗忘是有规律的，遗忘的进程不是均衡的，最初阶段遗忘的速度很快，后来逐渐减慢，即“先快后慢”的原则。观察这条遗忘曲线，你会发现，学习的知识如不抓紧复习，一天后就只能记住所学内容的33.7%。

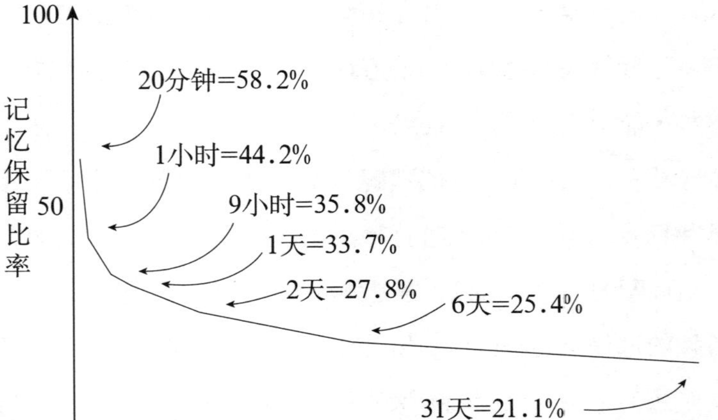

艾宾浩斯遗忘曲线

合理安排复习时间可以分为三步：

第一步：课后花费2分钟“过电影”，方便记忆。

第二步：晚上写作业前，再“过一遍电影”，将学习内容存储在大脑中。

第三步：周末通过“试图回忆”来“过电影”，就可以永久保留了。

4. 考试的科学方法

第一步：认真审题

读懂题目的内容，根据已知条件对题目进行分析，然后看需要结合哪些知识点进行答题。

厘清解题思路后，要善于把一道题分成几部分，化大为小、化难为易，分清其中的已知和未知，弄清各部分的联系，列出整个解题步骤。

第二步：细心做题

做题既动脑又动手。做题的关键是要保证规范、准确。只要平时做题认真细致、思路正确、步骤完整、表达严谨，答题就会准确无误，考试时也会按照这种好习惯进行答题。

第三步：认真检查

一是题目是否抄对；二是审题是否正确；三是运算是否正确；四是方法、思路与步骤是否正确。

第四步：错题积累

将每次考试做错的试题记录下来，分析错误原因，改正错误，使自己以后不再犯同样的错误。下次考试前复习时看错题本，对易错题进行巩固，脑海里就会留下深刻的印象，避免重复犯错。

高考，我有备而来

临近高考，很多考生面对自己的情绪波动束手无策，其实高考心理是有规律可循的。高三这一年，不同的节点有不同的情绪体验，也有相应的解决方案。

在学生的心目中，高三绝不是高一、高二的简单升级，这一年是极具特殊意义的。高三的课堂气氛与从前完全不一样了，“考点”才是关键词；同学之间的交谈变少了，空气里弥漫着紧张的气息。

进入高三，考生需要抱持“欣然接纳”的态度，父母要遵循“宜静不宜动”的原则。等将来有一天你回忆青春岁月的时候，你会发现高三其实是一种难得的人生体验。

一、假疲劳：月考成绩不理想怎么办

进入高三，月考就代表着高考这幕大戏的帷幕已拉开。各种小道消息纷至沓来，考生的情绪敏感、易波动。第一次月考成绩不理想的考生，真切地感受到之前知识的漏洞太多，他们往往选择另起炉灶恶补，希望在最短的时间内跟上老师的复习进度。但现实往往很残酷，有的学生补漏效果不明显，老师复习的新知识又落下了，形成恶性循环。随着第二次月考的不理想，他们沉不住气了，认为自己根本无法坚持跑到终点。这个阶段类似于长跑中的“假疲劳”。

高三阶段最佳的复习方案就是紧跟老师的节奏。老师不仅对考试的题型、考点心中有数，还清楚学生掌握知识的难易程度，由此安排复习进度，一个阶段考核一次。学生可以根据成绩和名次，了解自己对该阶段知识掌握的情况。作为带过毕业班的老师，我的经验是让学生自主命题。这既有利于全面掌握知识，又有利于在考试时保持平和的心态。更重要的是，这样的经历会让考生和知识点之间的关系由被动应考变为主动探索。

另外，这个阶段进行职业生涯规划能够帮助考生登高望远，将此时的努力和未来的人生有效链接，形成可持续发展的成就动机。每当备考中出现懈怠和放弃心理，想想未来的美好，现阶段的任务就没那么枯燥无趣了。

二、高原期：提升的关键是减速

寒假是考生查漏补缺的关键期。经历了第一轮的复习和寒假的自主学习，学生对自己的成绩有了新的期待。如果寒假后的月考考生发现自己又出现了新问题，这对考生的心理影响会比较大。为什么掌握了各个学科的知识点，却难以灵活运用到综合题目中呢？为什么看着试题就没有任何思路呢？有的考生产生了“破罐破摔”或逃避高考的心态。这个阶段的心理感受和高原缺氧极为相似，每迈出一步都需要很大的力气，承受着身体的各种不适，所以把它称为“高原期”。

顺利度过高原期，实现学习能力提升的关键是减速。相对缩短学习时间，巩固基础知识，不要过多触碰难题，这时可聚焦两件事情：一是预估高考分数。根据自己的学习情况和在群体中的位置预估高考分数，再将各科进行细化。比如，你预测数学得100分左右，那么在考试时就不会因为有两道大题不会而乱了阵脚。在备考阶段有了具体的奋斗目标，在考试中你的心态就会相对平和。二是细化各题型的时间分配。有些考生因为平时做题对时间没有要求，考试时则毫无章法。因为担心做不完，草草地做完选择题和填空题，留出宽裕的时间攻克大题。结果是前面的基础题由于时间太紧而无法保证正确率，大题由于难度高也得不到分，一个简单的时间分配问题，导致整场考试全盘皆输。如何避免这种情况呢？认真研究试卷中各题型的分布和分值，划分一下时间，注意在划分时一定要给自己留出10分钟的机动时间。平时做题时就要严格按照时限来完成，既提高效率又能使自己在考场上有条不紊。

三、模拟考试后：别忘了将短板补上

老师们经常说，第一次模拟考试分数与高考分数有密切的关联。第一次模拟考试成绩不理想，考生就会灰心丧气，预测自己高考可能会失败。有的学生摸索出自己成绩的规律是好一次坏一次，而高考恰恰是考坏的那次，由此陷入恐慌。还有的学生干脆明确跟父母商量，我实在没信心，不行就复读吧。

作为考生，要以积极的心态面对高考前的每一次月考。通过月考能够发现知识上的漏洞、复习思路的欠缺，来改善复习策略，同时制订具有弹性的阶段性目标。人对压力的承受是有一定限度的，变压力为动力的精神是好的，但不能盲目地压迫自己，那样不但不会提高成绩，反而会挫败自信心。

自1991年以来，无论我担任高三班主任、科任老师，还是心理咨询师，见证了太多高考考生的成长。其实，高考前两三个月也是考生提高分数的一个重要时期。“一模”之后，只要心态平和、学习方法得当、把握好节奏，到高考时分数有大幅度的提升并非难事。这个阶段要加大对弱势学科的时间投入，将短板补上。考生往往钟情于强势学科，而对弱势学科充满排斥，这样弱势学科会越来越弱，而强势学科涨幅则很有限。殊不知，弱势学科才是涨分“大户”，想想从70分提高到90分与从125分提高

到135分相比，哪个收获更大？

四、自主复习阶段：以“积极休息”调整状态

离高考还有半个月，考生面对成堆的书籍和试卷发出慨叹：“我总是无法完成复习计划，时间不够用呀。”“每天读书的时间已经很长了，但成绩不提高，我是不是很笨？”“班里的男生太刺激我了，高中六个学期，我觉得他们玩了五个学期，最后一冲刺，成绩却进步得飞快，我好像一直在后退”……

这个时候，要记住制订科学的复习计划是成功的基础。有的考生为了抢时间、争速度，不顾实际的可操作性将每天安排得满满的，在执行中一旦无法按时完成，就会产生焦虑情绪。所以制订计划时要想到自己是一个人，不是读书的机器，计划宜粗不宜细。另外，复习的节奏也很关键，要做到梳理知识与做题热身相结合。一味地做题，忽略回归教材整合知识，可能对高中阶段所学的知识没有整体的把握；而一味看教材却不做题，则缺乏临场感，做题效率不高，俗称“手生”。

有的高考专家主张考生临考前三四天要全然放下，不复习了，放下包袱。我个人认为，这种方法属于“消极休息”，会导致考生高考时没有题感。我的建议是，以“积极休息”调整状态，高考前一周，要保证做几套质量有保证的模拟题，保持应考状态。

五、优秀生瓶颈：主动加入学习同盟

有很多成绩优秀的考生，进入备考阶段出现情绪波动的概率要高于其他考生，这是因为成绩优秀的考生往往具有以下特点：

第一，学习动机强。学习动机分为两种，一种是成长动机，他们将学习视为乐趣，收获自我成长的快感，这类考生情绪稳定；另一种是匮乏动

机，他们内心痛恨学习，将高考作为实现理想的阶梯，为了学习牺牲自己的爱好，如果无法在学习上得到补偿，就会出现强烈的情绪波动。

第二，缺乏主动与人交往的意识。这类学生成绩好时不主动与同学交往，缺乏心理支持系统，一旦学习上遇到困难，则陷入孤立无援的境地。

第三，缺乏弹性思维。这类学生固执地将自己的目标锁定在名牌大学，一旦无法实现目标就难以承受，甚至想临阵脱逃。他们没有勇气面对不成功的结局。

第四，自尊心强、敏感多疑。这类学生在成绩好时曾瞧不起成绩不好的同学，他们误认为这是所有人的价值判断；成绩下降时，又将自己的价值判断投射到同学身上，认为同学瞧不起自己，变得敏感多疑。

其实，优秀生完全可以用自己的强势学科作为“投资”，主动加入同学的学习同盟，与同学分享自己在强势学科中的思考，同时虚心地向同学求教自己在弱势学科中遇到的问题。

六、中考之痛：父母要营造和谐的环境

有的考生在中考时有过失败的考试经历，这无疑在内心形成一个痛点，如果在高一、高二年级没有引起重视，及时进行调节，进入高三出现考试焦虑的概率会很高。他们会突然对自己的学习能力、人际交往能力、情感管理能力充满质疑，将自己的负性情绪全面唤起。

尽管考试焦虑的症状都是相似的，但造成考试焦虑的原因却各有不同，比如，父母关系、亲子互动、家族攀比、师生关系、学习方法、情绪管理等。如果问题严重，父母可以找心理咨询师给孩子做心理疏导。在现实生活中，很多父母一旦确认孩子有考试焦虑，就放松了对孩子学习的关注，转而与孩子一起焦虑，“你考试时千万别焦虑呀”“如果大脑一片空白了，就先放下笔静一静”……父母的这些言行强化了考试焦虑在孩子头

脑中的记忆，使他们难以走出来。

面对孩子的焦虑，父母要帮助他们更加准确地认识自己、认识考试、认识自己与考试之间的关系，恢复他们内心的自信。在这个过程中，父母也要不断地审视自己，不要将成年人的一些消极观念和焦虑传递给孩子。营造一个和谐的外部环境，是家有考生的父母给予孩子的最好支持。

心灵作业

评估自己的学习力

一、我为什么要学习？

学习动机是学习的内驱力。请在以下的学习动机中选择最符合你实际情况的选项。

1.证明自己的学习力。

2.知识本身的吸引力。

3.体会生活的美好。

4.获得别人的尊重。

5.取得某种资格。

6.得到学位证书。

7.有一份好工作。

8.父母或老师要求我学习。

9.成绩不好会被瞧不起。

选项分析：

1～4属于个人动力，如果你选了它们，你可能会感到心里很踏实。

5～7属于功能性动力，得到回报的周期较长，你可能感到学习很枯燥，因为最后的回报太遥远了。

8～9属于枯竭型动力，你根本不想学习，只是迫于各方面的压力而为之。

请你让自己的学习动机更加正向，这样才能保证持续性。

二、你希望通过学习获得什么？

1.我希望享受学习的乐趣。

2.我希望通晓我所学的内容。

3.我希望通过各种考试。

4.我希望我的学习与我未来的工作联系得很紧密。

5.我希望通过学习获得更高的学历，以便找到好工作，让生活更好一些。

选项分析：

1～2说明你已经找到了一些对你来说很重要的东西。

3～5说明你还需要把自己的目标定得再具体一些。

心理测试

学业成就动机测试

有无学业成就动机直接影响到学生学习成绩的优劣，学业成就动机也是学生的主要成就动机。

学业成就动机是由学习的主动性与计划性、学习的有效方法、克服学习困难的毅力及一些心理因素构成的。以下的题目只有两种选择："是"与"否"。

学习主动性与计划性的测量

1.我喜欢为自己制订学习计划。

2.如果老师不布置作业，我回家就可以轻松自由了。

3.我的学习从不需要他人督促。

4.我每天都能安排好自己的学习时间。

5.放寒暑假时，我总是制订一个学习计划。

6.对学校里的所有学科我都认真学习。

7.对于书上的课后题，即便不是老师留的作业，我也乐于完成。

8.因为老师要批改作业，所以我不得不写作业。

9.如果作业不会做，我就去抄别人的作业。

10.在家里，父母催促我才学习。

学习方法有效性的测量

11.我上课总能积极回答老师的问题。

12.我上课时认真听讲，思想从不开小差。

13.一学习起来，我就把其他事情全抛到脑后去了。

14.我经常做到课前预习、课后复习。

15.我有使用字典等工具书的习惯。

16.我经常阅读与学习有关的参考书和课外读物。

17.试卷和作业发下来后，我会认真研究为何出错。

18.我总是把当天的课程当天弄懂。

19.我经常利用在学校学到的知识去解决生活中的问题。

20.上课时，我常控制不住自己，总爱想和学习无关的事情。

学习毅力的测量

21.学习中遇到困难，我常爱泄气。

22.遇到难题，我就心烦。

23.不喜欢的学科我也能坚持学习。

24.有别人干扰时，我也能专心学习。

25.当我发现有不明白的地方时，我就想方设法弄懂它。

26.学习时间稍长一点儿，我就感到心烦。

27.考试成绩不好时，我就不想好好学习了。

28.遇到难题，我恨不得马上把它解答出来。

29.好不容易才解完一道题时，我就想再也不解这么难的题了。

30.上课时，一有听不懂的地方我就不想学了。

学习的心理素质的测量

31.我总感到作业很难。

32.在考试中遇到难题，我经常感到无能为力。

33.我觉得学习非常有趣，令人着迷。

34.我在动脑筋思考问题时有一种说不出的乐趣。

35.我要好好学习，为父母争光。

36.我努力学习是为了将来上大学。

37.为了实现自己的理想，我现在必须好好学习。

38.我认为学习任何知识都会有用。

39.我觉得不想当科学家的人用不着努力学习。

40.我认为好好学习才能成为一个对社会有用的人。

计分：

第2、8、9、10、20、21、22、26、27、29、30、31、32、39题答“否”记1分，否则不记分。

第1、3、4、5、6、7、11、12、13、14、15、16、17、18、19、23、24、25、28、33、34、35、36、37、38、40题答“是”计1分，否则不记分。

说明：

总分在30分以上者为优秀，说明你的学业成就动机良好，只要继续保持，将会在学业上有所成就。

总分为15～29分者为良好，说明你学业成就动机基础不错，潜力大，但要有韧性。

总分在14分以下者为差等，说明你学业成就动机尚不健全，如果不能有效地调整，学业水平很难提高。

第八章
职业生涯规划助你飞得更高、飞得更远

职业生涯规划是指一个人对自己的兴趣、爱好、能力、特长、经历及不足等各方面进行综合分析与权衡，在对职业生涯的主客观条件进行测定、分析、总结研究的基础上，结合时代特点，确定其最佳的职业奋斗目标，并为实现这一目标做出行之有效的安排。

职业生涯规划对于在意个人内心感受，追求人生价值和品质的年轻一代已经不是奢侈品，而是必需品。选错了专业就会使人陷入迷茫，有可能成为学业优秀者人生的拐点。

职业生涯规划的完整架构

1998年，耀华中学的心理健康课程中就安排了职业生涯规划的内容，为的是能够给学生提供更符合社会实际情况的职业生涯规划建议。2000年我应邀与全球最大的EAP（企业员工心理援助计划）提供商合作，担任十余家欧美企业的心理顾问，利用寒暑假进入企业，去完成三项工作：一是选拔人才，既包括招聘新员工，又负责对老员工晋升进行心理评估，选择最适合的人到最适合的岗位；二是全员心理培训，包括情绪管理、高效沟通、职业生涯规划、婚姻情感、亲子互动、领导力等；三是个体咨询，给遇到心理困扰的员工提供心理支持。由此，我多维度、全方位地了解职场生态，这为我给学生做职业生涯规划提供了很大的帮助。

高中阶段的职业生涯规划框架包括知己、知彼两大板块。

知己板块包括以下四个方面：

第一，进行与职业相关的测试，包括职业价值观、职业兴趣、职业能力和九型人格的测试，充分了解自身的职业特质。

第二，详细描述自己未来职业的样态，不是简单地说行业或岗位。多年来我发现一些学生所期待的职业样态和其所期待的职业完全不相关。

第三，通过充分的沟通把握学生的心理品质，以此判断其从事他所选择行业的优势和劣势。

第四，了解学生的强势和弱势学科，帮助其判断是否能够顺利取得大学该专业的毕业证。

知彼板块包括以下三个方面：

第一，学生选定的行业现状和未来二十年内的发展趋势。

第二，该行业需要其在大学学习什么专业。

第三，学生完成该专业课程的难易程度。

随着人工智能的蓬勃兴起，社会上出现了许多唱衰教育的言论，说未来许多职业将被机器人替代，现在学习的内容没有用，并预言简单的脑力劳动者的职业前景黯淡。面对这种不确定性，我们每一个人都需要对自我进行一次全新的升级。高中阶段要有强烈的自我赋能意识，阅读真正有价值的图书，开阔自己的视野，学会时机管理。

案例分享

一个高一男生希望在高中阶段创业，做金融类的App获得天使投资，希望得到我具体的指导。我明确告诉他，高中阶段首要任务是学好各个学科，考入理想的大学，认识那里最优秀的教授和同学，掌握扎实的金融理论和实践方法，这样才能实现自己的理想。他固执地认为按部就班地学习太浪费时间，无法成为同龄人中最优秀的。他创办了金融社团，每周的社团课给同学讲金融知识，为此他需要投入大量的时间和精力在网络上搜集相关的内容，把这些知识碎片进行整合。这不仅占据了他晚上的所有时间，就连课上也无法聚精会神地听讲。换言之，上课不听讲，课下不完成作业。

高一第二学期这个男生又和我交流，抱怨社团的同学没有强烈的成功愿望，无法成为他创业的合作伙伴，他们不但不能分担社团课的讲解工作，而且出勤率越来越低。他向我咨询的目的是如何让这些同学对金融保持持续的兴趣，如何管理他们。我再次强调他要将精力放到学科学习上来，只有好的学习成绩才能考上理想的大学。况且网络上碎片式的金融知识缺乏科学性、系统性，作为一名高中生，投入大量时间都弄不明白的东西，到了大学可能仅是一节课的知识容量而已，要注意时机管理。

高二第二学期这个男生再次和我交流时，他已经非常憔悴了，而且他的学科成绩已经是班里倒数了。他觉得自己根本考不上好的财经类大学，为此他制订了逆袭计划。每天除了上课之外，他要做7套理科的套题或者听3小时的网课，如果不完成任务就惩罚自己中午不吃饭……他已经很多天没有吃午饭了，每天都会胃疼，他无法控制自己的烦躁，手总是在抖……

这位男生的胃疼至少由两种因素造成，一是饥饿，二是焦虑。情绪受肠道里菌群的影响，益生菌群、中性菌群和有害菌群都存在昼夜周期性变化，有自己的节律性。这位男生不按时吃饭，把菌群的节律打乱了，所以造成胃疼和情绪失控。

美国著名作家丹尼尔·平克所写的《时机管理》一书指出，我们的认知、体能都不是恒定不变的，而是处于不断变化的状态，要想让我们发挥最佳的效能，掌握自己的时机非常重要。种地的人都知道人误地一时，地误人一年。什么意思呢？一时懒散没有去耕种，结果错过了播种的良机，而土地一年只有这个时候播种才有好收成，所以不准时播种，这一年等于就耽误了。如果错过了播种的最好时机，你就算往地里撒种子也没有用了。

这位男生从高一入学就很忙碌，到了高二下学期却陷入慌乱之中。高一时错过了课堂上听老师讲课，造成很多基础知识的漏洞。到了高二开始补习，本应从学习基础知识入手，但他又选择做综合类的套题，慢并且准确率低是意料之中的事情。这位男生存在的问题就是一直无法认清自己，一直让自己处于不佳状态。

九型人格帮你更好地认识自己

所谓人格，是指个体在遗传素质的基础上，通过与后天环境的相互作用，而形成的相对稳定的、独特的心理和行为模式。

九型人格理论的前提假设是人格最终形成于13～16岁，充分考虑了后天成长经历、情绪管理、人际互动对其人格形成的影响，这样使测试更多维度、更科学，贴近被试的现实状态。

九型人格是一个封闭的圆，每个人都有固定的不会改变的主型号，与先天遗传有关；每个主型号都有两个侧翼，不同的人侧翼是不同的，与后天成长有关；并且每个型号在成长和压力状态下又会出现不同型号的特点。这样组合下来，每个人都有可能与五个型号相关。由此测试就避免了千人一面的局面。

九型人格测试帮助我们认清自我，它犹如一面“镜子”，照出了人的性格特点和隐藏在潜意识中的某些问题，帮助我们认清自己的生活模式，找到行为和情绪背后的成因，并作出适当的调整。九型人格多应用于个人成长、职业选择、人际关系、夫妻相处、亲子互动等方面。九型人格使职业规划达到“人尽其才”的效果。

九型人格测试帮助我们和谐人际关系。每个型号都有不同的名字，聚焦其型号优点的心理学家会给其取个积极的名字，聚焦其缺点的则会给其取个消极的名字，所以建议同学们不用名字，只用数学符号即可。在人际互动中，如果彼此了解了对方的型号，知道其型号的行为特点之后，就能解读对方某种行为背后的原因，避免为人际关系纠结，优化了人际互动。

为了方便大家更确切地判断自己的型号，我力争更多维度地给大家介绍各个型号的特点。

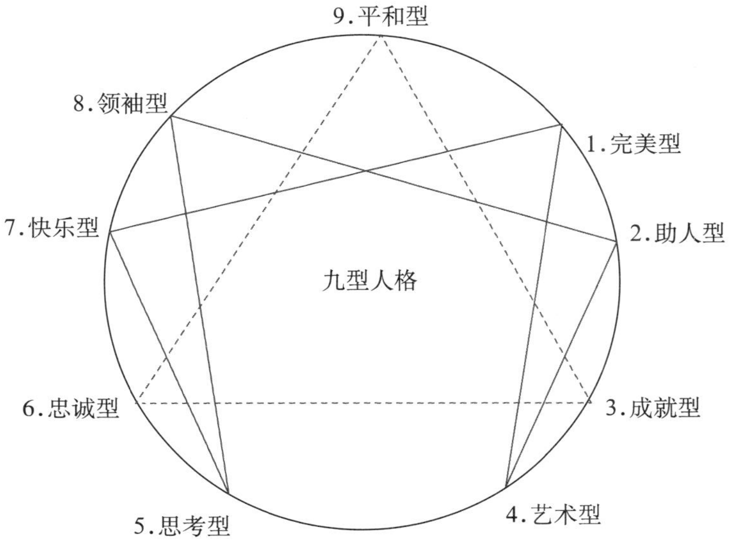

第一型

积极的名字叫完美型，消极的名字叫苛责型。

一型人的典型特点：人群中最忙、最累的人。

一型人的原生家庭：父母比较严格，他们坚信孩子的潜能无限，总是用更高的标准要求孩子。比如，孩子考了99分，父母会提醒他要精益求精得100分；孩子在班里排名第二，父母告诉他，人们只会记住第一……就算孩子考了班级第一，父母又鞭策他应该获得年级第一；孩子成了年级第一，父母说他们学校不是全市最好的……总之，孩子永远无法达到父母的标准。父母的这种苛刻在一定时期内会激励孩子前行，避免骄傲。但长期的焦虑会让孩子充满自责或内疚。久而久之，这种苛责的标准内化成为他自己的标准，追求完美成了他们最固执的念头。

一型人的内在誓言：世界非黑即白，没有灰色地带，人生要么成功，要么失败。

一型人的生命颜色：银灰色。

一型人的人际关系：他们的人生价值观就是为了得到别人的认同而不懈努力。因为过于刻板而使周围人倍感压力，他们的人际关系缺乏和谐互动，难以其乐融融。

一型人的职业选择：一型人所从事的职业需要坚持原则，做事公正，如法官、医生，或从事质量检查、纪律检查、安全检查、财务工作等方面的工作。

一型人的成长方案：世界不是非黑即白，还有灰色地带的存在，完美只是一个理想，成长才是真实的过程。

如何与一型人相处：要清楚一型人对自己的苛责远远超过对别人的要求，周围人千万不要因为他的苛责而生气。如果你能学会和一型人示弱，则会得到一型人的体谅。

案例分享

胡玫来找我咨询时已经下决心回家做全职太太了，她希望我告诉她如何和家人和谐相处，避免将亲密关系弄得和职场一样紧张。

北大研究生毕业后，胡玫到电视台做策划编导。她的职业价值观就是尊重事实，尊重真理。领导不喜欢总和自己想法不同、经常板着脸的下属；同事不喜欢凡事追求完美，自愿加班不计得失的同事。促使她做心理咨询的导火索是实习生拒绝参与一切与她相关的工作……胡玫真切感受到被所有人排斥的苦楚，她要撤退回家。

九型人格测试显示胡玫属于典型的一型人。

“胡玫，你是否对别人的要求很高呢？”我问道。胡玫告诉我，她早就意识到这个问题，但她对别人的要求只达到了对自己要求的70%。一型人对自己的苛责要远远高于对别人，但就算是她对别人的要求降到70%，别人还是难以接受。

我建议胡玫千万不要做全职太太，而应更上一层楼，比如离开媒体行业，继续攻读博士，改行从事科研工作。后来她如愿以偿，考入了政府部门，政策研究员的工作让她收获了满满的成就感。

第二型

积极的名字叫助人型，消极的名字叫讨好型。

二型人的典型特点：人群中最热情的人。

二型人的原生家庭：他们成长的环境往往是被成年人忽略的，有的小时候被寄养在他处，他们的内在需求很难被别人及时发现，更难以获得重视。他们坚信只有自己多多付出，学会讨好别，人才能够得到别人的关注和认同。

二型人的内在誓言：我自己的感受并不重要，别人的认同比一切都重要。

二型人的生命颜色：红色。

二型人的人际关系：他们乐于助人，能够赢得表面上的其乐融融；他们对别人的反馈超出对自己内心的关注，这使他们在人际交往中卷入度过高，缺乏界限感，一旦对方不接受好意，他们会很受伤。他们可能由不会爱自己发展成为不会爱与自己有亲密关系的家人。

二型人的职业选择：所有跟人打交道的工作都能发挥第二型天赋的才能，如客服、教师、护士、工会主席、推销人员、初级和中级管理者等。

二型人的成长方案：别人是别人，自己是自己，不要总是在意别人的感受，应像在意别人的感受一样在意自己和家人。避免过度卷入别人的生活之中，保持人与人之间的优雅距离。

如何与二型人相处：对他的帮助要表达及时而准确的谢意，同时提醒他要像爱别人一样关爱自己、关爱亲人。

案例分享

王薇是某连锁企业的客户经理，她是个热心肠。前些天，一位态度强硬的客户来投诉同事，同事虽然给予了积极回应，但坚决不退让，这种态度让王薇难以容忍。王薇主动接手这位顾客。对方反映产品质量有问题，业务员态度前后判若两人。王薇自作主张，不但给客户退货，而且还答应给予一些经济补偿。“你是客户的知心人呀！”客户的肯定让王薇倍感欣慰。

事后领导批评王薇不了解情况，擅作主张会让客户得寸进尺。一周后，客户拿着王薇的处理方案找公司索赔精神补偿金……

王薇是典型的二型人格，通过人际关系来满足自己“被爱”“被认同”的内心需求，他们对别人的需求很敏感，却因缺乏界限而将关系弄乱。

当他人尤其是客户过分依赖自己时，应给自己留有思考问题的时间和空间，不要草率地做出决定，更不能越权做事。多一些客观，少一些情绪化。

王薇找到了自己的盲点，主动向领导承认错误，赢得了领导的谅解。

第三型

积极的名字叫成就型，消极的名字叫急功近利型。

三型人的典型特点：人群中不用扬鞭自奋蹄的人。

三型人的原生家庭：他们的父母或周围有三型人格的人，他们真切地感受到三型人的勇往直前、热爱生活的态度，由此很崇拜他们，并渴望自己也能像他们一样获得成功，拥有财富，得到别人的尊重。

三型人的内在誓言：只有成功者才能赢得别人的尊重。

三型人的人际关系：他们在意结果却对过程不太重视。只要他们认为是重要的事情就会努力去干，有时为了达到目的不择手段，给别人留下急功近利的印象，破坏了人际关系中的平衡。他们过度在意自己的外在形象，让周围人觉得他们华而不实。

三型人的生命颜色：明黄色。

三型人的职业选择：他们的选择空间很大。他们擅长说服别人，又很有目标性，在具有挑战性和说服别人的工作中尤其能发挥天赋的才能，如在推销、保险、演讲等领域尤其容易成功。给第三型人一个团队也能充分发挥他的领导才华。

三型人的成长方案：不要过于重视社会评价而忽略了自己的内在感受，要明白内在的成长比外在的成功更重要。在与人交往中要避免因为自己过于张扬而给别人造成压力。

如何与三型人相处：鼓励他、夸奖他，他会更加严格地要求自己，并会帮助他人。

案例分享

王先生是一家欧洲企业的部门经理，入围销售总监选拔后进入心理测试环节。部门对其评价是：工作热情高、有创意、执行力强；缺点是个性过于张扬，有时说话会伤到同事，外形过于时尚，给人华而不实的感觉……

王先生属于典型的三型人，他希望给人留下光彩照人的印象，以此提高别人对自己的信心，也由此对他所推销的产品品质有信心。在与他进行面对面交流时，我指出了他的这种行为给周围人的印象，建议他有所改善。他采纳了我的建议。他的改变消除了上司对他的担忧，顺利晋升。

第四型

积极的名字叫艺术型，消极的名字叫自我中心型。

四型人的典型特点：人群中最容易纠结的人。

四型人的原生家庭：四型人在成长中缺少来自亲人的悉心呵护。二型妈妈容易带出四型孩子。小的时候他们会像其他小孩一样向父母敞开心扉，寻求帮助，但父母却将注意力和爱心转移到周围更需要帮助的人身上，没有及时关注孩子。久而久之，孩子认为父母对自己是不在意的，他们慢慢将自己的内心封闭起来，生活在自己的主观世界之中。

四型人的内在誓言：世事无常，没人真的关心自己。

四型人的人际关系：四型人内心渴望得到周围人的关心，但却表现出对人际交往毫无兴趣。他们内外的不统一难以获得周围人的关注，由此陷入更深的孤独之中。

四型人的生命颜色：紫色。

四型人的职业选择：适合从事各类具有创意性的工作，他们天生对美的事物很敏感，所有涉及美的工作都能发挥他们的天赋，如美术、音乐、艺术、时装、戏剧、文学、装潢、广告、产品设计等领域。

四型人的成长方案：过去的已经过去，未来的还没有来到，最重要的是珍惜眼前所拥有的一切。

如何与四型人相处：用心聆听四型人的感受，给予贴身的支持；不要期望四型人有稳定的表现，将焦点放在最后的结果上；重视四型人的感受，多给予他关注。

案例分享

公司游戏开发部的主管诸葛在游戏研发圈子里颇有争议，欣赏他的人说他是天才，善于创新，感情细腻，未来能够一鸣惊人；厌恶他的人说他神经兮兮，陶醉在自编自导的生活剧中，总是摆出一副虎落平阳被犬欺的哀怨。诸葛兴致来了，就将铺盖拿到办公室，几天几夜不回家，游戏脚本得到公司高管的高度认同；可情绪不好的时候他就几天不露面。部门的下属很有怨言，诸葛忽冷忽热的态度让大家在工作中无所适从，上网测试时间一拖再拖。

诸葛属于四型人。他比较情绪化，追求浪漫，我行我素；讨厌平凡、重复的工作；具有丰富的想象力，喜欢创新；人际关系中，觉得周围的人难以真正理解自己，所以采取“若即若离”的交往方式；追求完美的爱情，因为始终无法确信目前的恋人是否是最适合自己的配偶而迟迟不愿结婚。

我建议诸葛从自我世界走出来，将目前的职业当作自己的事业去努力；用理性的思考替代情绪化，对工作的过程和结果投入更多的关注；学会控制情绪，在与人共事中，要尊重差异，理解每一位同事都具有不同的优势。

诸葛经过认真思考，决定放弃领导的职位，专注于脚本的设计，尽管收入减少，但自我感觉很好。他还下定决心走入婚姻的殿堂，我担任了他们的证婚人。

第五型

积极的名字叫思考型，消极的名字叫脱离现实的思想家。

五型人的典型特点：人群中学习能力最强的人。

五型人的原生家庭：他们成长的环境充满了争吵。争吵有可能来自父母，也可能是周围其他的人。争吵的环境让他们产生了一种错觉，人与人之间的沟通是没有意义的，最后依然还是争吵。为了躲避争吵，他们躲到角落里看书，沉浸在书的世界中，拒绝与外界互动。他们的逃避收获了良

好的阅读习惯。学生时代他们有骄人的成绩，这让他们更加不屑于人际交往了。

五型人的内在誓言：学习改变命运。

五型人的人际关系：五型人不屑于人际交往，不关心别人的言行，只是按照自己的主观想法来判断事物。给人木讷、不合群的感觉。

五型人的生命颜色：蓝色。

五型人的职业选择：擅长将大量数据有条不紊地分门别类，有过人的洞察和分析能力，会成为某个特定领域的专家，适合科学家、咨询顾问、决策分析、数据分析整理、研究等岗位。

五型人的成长方案：正视自己的内心感受，多多了解人情世故，关注别人的心理感受。

如何与五型人相处：接受五型人不善于人际交往的事实，帮助他融入朋友圈，让他体会到来自朋友的关怀。

案例分享

"陆哥"是同学们对他的尊称。他是年级永远的第一，为人低调，自高一开学加入心理健康使者团以来一直默默地为社团做贡献。学长推举他做副团长时我稍微有些担忧，毕竟他的学习成绩只有下降空间。"丽珊老师，我的学习成绩的确不错，但进入社会仅仅有智商、有成绩是不够的，我决定在高中时代提高自己的情商，至于社团工作，可能会影响学习成绩，我已经充分考虑过了。"

当了副团长，陆哥和其领导的三个部门部长配合密切，成功操办了第五届天津市中学生心理剧大赛。

最令我感动的是，使者团的一位同学升入高三后，因为强烈的焦虑而出现躯体化症状，打算放弃当年的高考，但根据经验，我认为这个学生如果得到有效的帮助完全可以参加高考。我在给他做心理咨询的同时，要求他坚持每天长跑，请陆哥监督。陆哥欣然接受任务，每天放学都陪着他一起去跑步。就在陆哥为了出国而每天到英语机构集训时，依然放学赶回学校，陪那位同学跑步……就这样，那位同学走出了焦虑，顺利考上了大学。

陆哥是典型的五型人格，这类人具有很强的学习能力，一旦意识到人际交往和情绪管理的重要，就会有意识、有方法地提高自己的情商，成为智商高，情商也高的双优青年。

第六型

积极的名字叫忠诚型，消极的名字叫疑惑型。

六型人的典型特点：人群中最容易忧心忡忡的人。

六型人的原生家庭：他们的父母多是优柔寡断型的人，孩子从小耳濡目染了父母谨小慎微的做事风格；或在成长中家庭始终处于动荡之中，被外界的不安定因素所困扰，缺乏安全感，他们学会了察言观色、谨言慎行以求自保。

六型人的内在誓言：这个世界危机四伏、人心难测，遇人不淑就会被人利用和陷害，我渴望能找到值得我信任的同道中人。

六型人的人际关系：六型人在预见事态发展时宁可悲观一些，也不会盲目乐观。他们在人群中属于道德水准比较高的人。六型人在人际交往中比较被动，他们不会主动与人搭讪，但如果别人主动与他交流，并通过交流发现对方可以信任，他们就会表现出“护群”和“抱团”的倾向性。六型人在与信赖和熟悉的人交往中会像二型人一样，对人热情，并喜欢站在对方的角度考虑问题。

六型人的生命颜色：大地的颜色、浅咖啡色。

六型人的职业选择：在需要细心、耐心、警惕、忠诚的岗位上能发挥他们天赋的才能，如心理咨询师、策划、规划、警察、情报人员、保卫人员等。六型人平时忧心忡忡地预见危机，而一旦危机出现，他们则是人群中最从容的，我给他们取了一个小名，叫“危机处理专家”。

六型的人也可以创业，在创业之前会瞻前顾后，而一旦创业就会稳健发展。

六型人的成长方案：放下多余的担心和恐惧，相信自己，相信别人。

如何与六型人相处：与六型人交往的最好方法是将事情说清楚，不要含含糊糊，否则会让他觉得不安。如果你总是让他不安，时间长了，他会对你表现出反感，甚至会中断友情。

案例分享

邱女士因为崇拜老公才进入家族企业担任财务总监，工作中她发现老公在经营理念和处理问题上刚愎自用，听不进别人的建议。有的项目陷入停滞或纠纷之中，邱女士帮助做了善后工作，但老公并没有吸取教训，依然对邱女士和其他副总的建议置若罔闻。邱女士每天提心吊胆，觉得危机四伏，睡眠都不好了。

邱女士属于典型的六型人。她对威胁的来源明察秋毫，会预想最糟的结果。有些六型人具有退缩并保护自己免受威胁的倾向；有些六型人则先发制人，表现出极大的攻击性。

我建议邱女士帮助老公撰写“工作日志”。面对一个项目，老板掌握的信息是最多的，他站得高、看得远，副总无论如何也难以达到这个高度，所以出现意见不一致很正常，但这并不意味着副总的意见就毫无价值。邱女士将自己听到的各种声音如实地记录在日志上，放在老公的办公桌上，让他自己去看，以此达到兼听则明的效果。

邱女士按照我的建议坚持做了一段时间，她老公开始虚心地向她征询意见了。

第七型

积极的名字叫快乐型，消极的名字叫享乐型。

七型人的典型特点：人群中最快乐、最有人缘儿的人。

七型人的原生家庭：他们大多出生在比较民主的家庭，父母对年幼的孩子进行散养，充分发展其爱好特长，家庭气氛宽松，孩子可以将自己的想法说出来，父母很少给予标准化的答案。由此他们养成了追求自由的思维方式，他们不仅自己快乐，而且还会把快乐传递给周围的人。

七型人的内在誓言：人生在世就要享受生活。

七型人的人际关系：因为性格随和，兴趣多多，有很多的朋友，但有可能仅仅局限于玩伴，难以交到知心的朋友。

七型人的生命颜色：绿色。

七型人的职业选择：一切职业都能吸引七型人的兴趣，尤其是公关、计算机等职业，以及和创意相关的工作。

七型人的成长方案：要敢于面对压力和痛苦，学会专注于做某一件事，善始善终。要脚踏实地完成眼前的工作。

如何与七型人相处：给他定性、定量的工作，督促他圆满完成。

案例分享

邱先生自小就多才多艺，小提琴考了业余最高级。只是他的学习成绩一直惨不忍睹，靠着艺术特长，进入一所211大学上预科。大学毕业后，他又以艺术特长生的身份进了银行，开创了这家银行招聘艺术特长生的先河。他的工作就是陪领导拜访大客户，几乎每天晚上都在K歌中度过，自在逍遥的邱先生活得很惬意。最近他明显感觉到领导对自己的疏远，同事们也开玩笑说他是“陪唱儿”。未来的不确定使他陷入焦虑之中，他变得敏感多疑、挑剔苛刻，经常与同事发生冲突……邱先生抑郁了，原本乐观开朗的他笑不出来了，他对未来充满了迷茫。

九型人格与其他人格测评最大的不同是每个型号除了具备本身的特质之外，还有两个侧翼，比如偏六型的七型人表现为比较注重团体的利益及协作精神，能够更多地顾及他人感受，更加尽责，但也会有更多的担忧、焦虑；而偏八型的七型人则更看重权力，更喜欢操控别人，兼有八型粗暴、缺乏耐心的性格。邱先生属于偏八型的七型人。

“迎来送往”的状态肯定不能托付终身。邱先生要重新审视自己的职业角色在团队中的位置，判断岗位的可持续发展潜力。要想有稳定的岗位，就一定要具有不可替代的工作能力。职业测评显示邱先生适合行政管理工作，他经过集中补习考上公共关系管理专业的在职研究生，希望通过专业提升，将自己的“爱好”职业化。

第八型

积极的名字叫领袖型，消极的名字叫独裁型。

八型人的典型特点：人群中生命力最旺盛的人。

八型人的原生家庭：部分八型的人出生在暴力的环境中，比如暴力的父亲，或他们全家都在承受着来自外在的暴力危险，他们应对这个社会的方式就是“以暴制暴”。

八型人的内在誓言：我要做自己的主人。

八型人的人际关系：他们具有强烈的事业心和超强的执行力，他们希望通过自己的努力掌握权力，进而获得掌握自己命运的机会。他们在人际

交往中会比较强势，给人带来压力。他们不喜欢久居人下，他们希望能够成为领袖。

八型人的生命颜色：黑色。

八型人的职业选择：在需要勇气、智慧面对冲突时最能够展现他们的才能。他们适合做领导者，带领一个团队，或者成为创业者。

八型人的成长方案：明确自己的定位，学会尊重，心存敬畏。

如何与八型人相处：给予他足够的尊重。

案例分享

王先生曾是某大型公司销售总监，辞职在家三年，他不厌其烦地宣讲自己的鸿鹄之志，自我沉醉在过去的辉煌之中。他的家人给他预约了我的心理咨询。王先生跟我讲他当年在办公室政治中的“丰功伟绩”，纠集几个同僚通过匿名信推倒总经理。王先生不但没有如愿成为总经理，而且空降的总经理对他处处提防，想方设法排斥他，还缩小他的权限……王先生辞职之前坚信凭自己的人脉找工作不成问题，但辞职之后却没有一家公司接收他。

八型人往往过高估计自己的力量。只要拥有力量，他们就会为所欲为，感到自己很重要，希望别人害怕，迫使别人服从。顺利时他们不可一世，不顺利时唉声叹气，摆出一副虎落平阳被犬欺的姿态，将不成功的责任推卸给周围的人和环境，缺乏自我反省和自我改善的意识。

调整自我认知是职业生涯规划的第一步。改掉责备别人的坏习惯，给别人的行为正向的评价；反思自己言行的不妥之处，并积极修正；放低身段，从头做起。王先生对自己的职业有了明确的定位，停止主观想象，脚踏实地写创业策划书，分批投入10万元，争取一年内收回成本并产生盈利。

八型的人在职场的发展呈两极化的态势。一部分是大企业的总经理，80%的大企业总经理是八型人，他们能够有效地把握全局。而另一部分则非常有可能成为“问题员工”。八型人作为职场新人时总会表现出超强的主动性，他们渴望获得认同，但往往会越位，给中层领导者以压力，结果是被压制。这种被压制的状态反而激发了他们的斗志，他们通过各种方式表现自己，如果正当的方式难以获得成功，则会变得“阴险”，比如越级汇报、写匿名信等，成为彻底的“问题员工”。我帮助了许多年轻的八型人，教他们学会尊重领导，遵守规则，在工作中展现自己的才干，但做人要低调。一旦成为中层管理者就打开了上升通道，拥有了到达塔尖的机会。

第九型

积极的名字叫平和型，消极的名字叫阳奉阴违型。

九型人的典型特征：人群中情绪最稳定的人。

九型人的原生家庭：出生在比较平和的家庭，父母本身就是与世无争的人；还有一种可能就是家族关系纷杂，他们选择了逃离，对周围的人与事不感兴趣。

九型人的内在誓言：安静地生活和工作。他们中有事业心的人则择木而栖。

九型人的人际关系：极具沟通艺术，他们善于察言观色，与不同的人采用不同的方式沟通，以求达到最好的沟通效果。

九型人的生命颜色：金色。

九型人的职业选择：与人打交道的工作最能发挥九型人的天赋，如教师、护士、咨询师、治疗师、服务人员等岗位。

九型人的成长方案：勇于讲出自己的想法和感受，不要抑制自己内心的愤怒，否则会变得阳奉阴违。

如何与九型人相处：他们不愿当最高领导者，不喜欢做决定，要给予他们支持和鼓励。

案例分享

孙女士是通过社会招考进入机关的。她工作勤勤恳恳，总是早来晚走，却招来很多流言蜚语，她选择做隐形人。最近机关科室调整，她由业务部门调到了办公室，周围同事背景复杂，精于人情世故，一想到要与他们相处，她就不寒而栗，夜里常做噩梦。她每天都去找领导，希望换个岗位。

九型人追求内心和外表的平静，刻意回避自己的负面感觉和冲动，负性情绪被长期积压，不但影响自己的身心和谐，而且会在忍无可忍的时候全面爆发，破坏了他们与周围人的和谐关系。

孙女士不善于沟通，不能将自己的感受表达出来，被同事误解，恶化了人际关系，岗位调动后选择被动攻击性行为——纠缠领导，这样做更会损害自己的职业形象。

孙女士充分准备后，和领导进行了一次深入的谈话，敞开自己的心扉，将多年来自己真实的感受，以及对此次岗位调动的顾虑、未来的计划都与领导进行了交流，并得到了领导的支持和认同。

缺乏职业生涯规划，难以收获成就感

职业生涯规划是指一个人对自己的兴趣、爱好、能力、特长、经历及不足等各方面进行综合分析与权衡，在对职业生涯的主客观条件进行测定、分析、总结研究的基础上，结合时代特点，确定其最佳的职业奋斗目标，并为实现这一目标做出行之有效的安排。

职业生涯规划对于在意个人内心感受，追求人生价值和品质的年轻一代已经不是奢侈品，而是必需品。选错了专业就会使人陷入迷茫，有可能成为学业优秀者人生的拐点。以下的四个案例从各个维度揭示了缺乏职业生涯规划所面临的尴尬，为后来者提供借鉴。

案例分享

汪强聆听完大名鼎鼎、令人景仰的院长对大一新生的寄语，第一时间给母亲打电话，要求退学回家——复读，明年重新参加高考。悬着的心刚刚落地的母亲一下子又傻了，儿子这个大学咋就上得这么周折呢？母子俩是我电台节目“丽珊热线”的忠实听众，母亲建议儿子与我见面，将自己的想法完整地告诉我，听听我的建议后再做决定。

浑身散发着学生气质的汪强，一见面就敞开心扉：“丽珊老师，我有着强烈的名校情结，中学六年都在全市最好的中学，支撑我如饥似渴学习的唯一动力就是能够考上北大、清华，未来享受富足的物质生活。”高考前的每次月考，汪强一直保持在650分以上，考上这两所名校应该不成问题。谁想世事难料，就在高考前一个月，家里赶上拆迁，扰乱了他学习的环境和心情，高考只考了619分。他不能容忍这个分数，明确要求复读。恰好当时我在“丽珊热线”节目中一再提醒考生，选择复读一定要慎重！母亲说服了汪强不要复读。同意填报志愿的汪强一筹莫展，除了北大、清华之外，他根本就不知道还有什么大学值得去。母亲听朋友说北京航空航天大学也很有名，于是建议汪强报这所大学，汪强勉为其难地填了志愿。

院长在讲话中对新生说：“同学们，你们未来的前途和命运将和祖国的航空航天事业息息相关。”一部分新生就是看了航空英雄杨利伟的报道下决心投身到这项事业中来，他们为自己找对了专业而欢欣鼓舞。汪强却很茫然。院长接着说：“孩子们，在学习科学知识的道路上，你们将与清贫、寂寞、挫折相伴……一定要做好充分的心理准备……”汪强再也没有兴趣听下去了，他上大学的目的是为了追求高品质的物质生活，而院长却让他与清贫相伴，真是南辕北辙。他坚决选择退学……

报考大学前一定要知道所选专业未来的就业前景是什么。同学们可能知道中国的学生申请国外顶尖大学的留学资格非常困难，为了了解事情的真相，我曾经问过我的一名学生，他现在在美国某顶尖大学担任教授。他告诉我，中国学生的“曲线救国”策略毁坏了他们在国外大学教授心目中的形象。他们通过申请基础学科获得留学机会，却“身在曹营心在汉”，求职中只要能够获得高收入，就毫不犹豫地放弃本专业。在国外大学教授心目中，这些学生缺乏对科学的尊重。但我却认为他们是对自己缺乏准确的认知，对专业和就业形势缺乏足够的预估。换言之，不是人品有问题，

而是缺乏职业生涯规划，既不知己又不知彼。

案例分享

魏彪初中就读于远近闻名，以“应试”著称的某所学校。他成绩好，尤其擅长数学，中考时他进入了全市最好的高中。本来以为进入了“快速通道”，却不想厄运开始了……

魏彪的数学老师是位数学博士，他认为数学是艺术，上课时沉浸在数学艺术之中，全然不顾学生对知识的渴望。魏彪听不懂，下课追着老师问：“这道题到底怎么做？”博士老师鄙视他的浅薄和短视，魏彪的数学热情和成绩骤降。到高二的时候，魏彪的数学基本只能考二三十分。

魏彪高考考了520分，精明的母亲帮他报了高大上的计算机工程专业，魏彪开学拿到课表后发现所有的课程都与数学相关……一年后，学校教务处通知魏彪的母亲，他两个学期没上课，没参加考试，被学校勒令退学。母亲恳求学校给孩子一个补救的机会，转到一个不学数学的专业。学校答复：“学生是可以转专业的，前提是必须在原专业考前三名……”

报考大学之前一定要知道报考专业所学的课程，回避自己的弱势学科。目前的大学对学生的学习成绩管理非常严格，被大学勒令退学的学生比比皆是。所以在填报大学志愿时千万不能仅仅想高考分数是否达到分数线，是否可以被录取，而且要想是不是能顺利完成学业，拿到大学毕业证和学士学位证书。

案例分享

刘浩是我的学生，他高中阶段成绩稳居班里前三名，他的理想是考入北大经济学院。他希望将来做操盘手，在金融领域指挥“千军万马”。高考结束，他的分数报北大经济学院有点儿危险，转而报北大计算机专业。当时我一再问他，是否一定要上北大？他的分数除了北大，可以到任何大学学经济，但他无法接受自己已经迈进了北大的校门再退出来的感觉。

大学四年，刘浩努力学习计算机的同时，辅修经济学，本来打算考经济学的研究生，却没有如愿。为了靠近自己的理想，他去了一家全球性的金融机构做网络维护。

刘浩对我说：“张老师，我现在知道入错行是什么感觉了。在我们公司，学经济学的是主流，是专业人士，做几年业绩好就有独立办公室。我们属于后勤，全国各地出差，连独立的办公桌都没有……天天看着自己理想的岗位，却无法真正靠近。更让我难受的是，我们公司做业务的根本就不是名牌大学毕业，真后悔当初没有听您的建议。”

选择岗位一定要选择公司的主干部门，辅助性岗位发展空间不大，难以收获成就感。在日常的职业生涯规划中，对于已经非常明确专业方向的学生，我会建议他们垂直上升，选择退而求其次的大学，通过考研进入自己最理想的大学。

案例分享

黄卓属于竞技型选手，善于考试且成绩优秀，高考顺利考入了中国药科大学。毕业前，她和同学们一起到一家全球500强的制药厂应聘“医药代表”岗位，经过十几次的笔试和面试，在几百个竞争者中，黄卓脱颖而出。

进入公司之后，她才知道医药代表的工作是什么，她的工作状态令领导不满意，建议她接受EAP心理支持。和我见面时，她固执地认为自己不适合这份没有尊严的工作，“我始终学习成绩好，一切都靠自己，从来没有求过别人。为什么大学毕业了，工作了，倒要低声下气地去求人？我的生命价值在哪里？我的尊严在哪里？”

选择职业前一定要充分了解岗位描述，并且确认工作和自己的职业价值观是否匹配。这个世界没有最好的职业，只有最适合你的职业。

填报大学志愿秘籍

在填报大学志愿之前，要充分考虑两大类问题，一是知己，既要充分了解自身特点，又要注意自己的学科优势和劣势；二是知彼，包括大学的背景、专业发展趋势、就业前景等方面。

一、理性地选择最适合的大学

填报志愿是考生和大学的双向选择，大学以分数来选择学生，学生则要多维度地了解大学，选择最适合的大学和专业。考察大学要从以下几个方面入手。

1. 办学思想

学风好，治学严谨，有良好的社会认同。与世界接轨程度，包括国际合作项目、交换生项目、教师互换项目等，学生能够接触到本学科世界最前沿的成果和资讯的机会。

2. 教师的素质

学校是否重视教师的继续教育，是否给教师创造科研的机会？是否有机会与本学科前沿的人士接触？稳定、优秀的教师队伍不仅可以持续向学生传授知识，还会传授科研的方法或实践的经验，提高学生的社会适应性。

3. 学生的素质

了解大学在其当地录取的人数和分数线，判断未来与什么素质的同学相处四年。

4. 校友捐款情况

校友的捐款肯定是发自内心地认同这所学校为他提供的教育服务，所以既要关注著名校友的大额捐款，又要关注捐款的人次。

5. 通过公平竞争获得的研究基金之多寡

从中了解这所大学和你选择的专业的科研水平，教授在学术方面的建树，以及他在同行内的认同情况。

6. 科目设置的广度

尽量报考综合性大学，为未来选修课和拓展视野提供更多的选择。

7. 硬件设备

从教室到图书馆，从宿舍到食堂，从体育设施到运动场地，这些无不为学生在知识的海洋里畅游提供了充分的条件。

二、弹性地选择最有发展前途的专业

1. 忌贪大

有“管理”字样的专业对考生具有很强的诱惑性，考生误认为这种专业毕业后就会走上管理者岗位；“国际”打头的专业录取分数高，考生认为这种专业为自己成为国际化人才奠定基础。事实上，这类专业在课程设置方面往往是博而不精，缺乏精深的专业技能，未来不仅找工作难，升职空间也不大。

2. 忌高精尖

如果考生希望未来能够申请到国外大学的全额奖学金，就尽量选择基础学科，而一旦选择了基础学科，本科毕业就很难找到工作，假如申请国外大学不成功，在国内也必须继续攻读硕士、博士。如果不能保证自己能够继续读下去就不要选高精尖的专业，而应选择实用性强的专业。

3. 忌缺乏发展的眼光

社会的快速发展造成行业的生命周期缩短，此时的热门行业在5～6年后可能就是夕阳行业，所以要具有发展的眼光。

4. 忌本、硕、博连读

选择大学专业对于高中生来讲本身就存在一定的风险，如果上大学后发现所选专业和预想的不一样，可以通过跨专业考研来修正选择。但如果选择了连读就难以退出来。现在大学的办学思路越来越开放，跨专业保研、考研，跨大学保研、考研的机会很多，只要考生渴望学习，就会拥有很多的求学机会。

出国留学秘籍

社会发展使人们有了更多选择，出国留学为孩子的求学之路多了一个选择，但每种选择都是机会与风险并存，父母为孩子选择时一定要慎重，稍有不慎就会造成学生被动体验失败、挫折。

一、父母要考虑的因素

1. 出国动机

首先，父母送孩子出国的动机是什么？有的家长对孩子的学业现状不满意，认为留在国内也无法考上好的大学，索性出国；有的家长与孩子沟通有障碍，希望能够通过把孩子送出国，让孩子在人生地不熟的环境中反思父母的爱；有的家长盲目攀比，亲属或朋友送孩子出国了，也跟风似的将孩子送走……这些枯竭型的动机很难收获好的结果。

其次，孩子出国的动机是什么？是希望完善自己的知识体系，提高独立生活能力，让自己拥有国际视野，还是想逃避目前艰苦的学业压力？

2. 留学生涯规划

在国外求学结束后在哪里发展？是在国外定居还是回国发展？如果举家移民，学生就越早走越好，给他更多时间去了解、熟悉国外的环境；如果希望学生学成回国，那最好是大学毕业后去国外上研究生，两三年的离开不会造成国内人脉资源的损失。

3. 经济实力

送孩子出国是一个大额的家庭投资项目，一定要做好经费预算。有的家长认为孩子到了国外就可以打工赚学费了。现实并不那么简单，一要考虑是否能找到打工的地方，二要考虑孩子是否能够兼顾打工和上学。我的一个来访者高中时被家长送到外国，后来家长无力支付巨额的费用，他半途而废回国，此时他的高中同学都已经读大四了。没有任何学历的他终日宅在家里，成了“啃老族”。

二、学生要考虑的因素

1. 充分预估学业的艰辛

久居国外的华人对留学生的忠告就是：想真正地站住脚，学习是捷径。学习成绩成了中国留学生获得当地人认同和尊重的重要原因，因此学习压力肯定要比在国内大。通过语言学校的考试就是第一关。有的学生因为语言能力差，在语言学校无限拖延下去，加大了留学成本。

2. 选择适合自己的住宿方式

是选择寄宿家庭还是住宿舍？与寄宿家庭无法和谐相处，一些学生经常面临换房东的困境。出现这种现象的原因要从两方面来看，一是留学生误认为发达国家的生活水平高，结果却大失所望。二是房东对留学生不满，比如通话时间太长，打扰房东休息，洗澡时间太长，浪费水资源，不做力所能及的家务，等等。留学生的生活技能越强，心理适应的过程就越快。

选择集体宿舍要比到寄宿家庭简单一些，处理舍友关系时要学会换位思考，站在对方的角度考虑问题，用一颗包容的心为自己营造宁静的天空。

3. 学习人际交往

有的留学生到了国外，总是愿意与老乡在一起，以减少适应的难度。

殊不知，却错过了广泛与他人接触的机会，成了游离于大群体之外的小团体。也有的留学生为了标榜自己适应性强，拒绝与中国学生交往，刻意将自己装扮成“香蕉人”，却因为摒弃本民族的文化而成了东施效颦。

到了国外，在人际交往中要细心观察，确立自己的公众形象，维护各种关系。

4. 学会自律

在国内，学生基本处于他律状态，家里有家长的叮嘱和监督，学校有老师。到了国外没有了悬在头上的警钟，一旦越线就会遭受惩罚。这就要求留学生要学会自律，自我严格管理，对自己做的事负责任。

5. 学会选择

出国之后一切都需要自己选择，由此感到责任和压力。人生本来就是一个不断选择的过程，正确的选择会引领你走向成功，而错误的选择则会带来痛苦甚至人生的逆转。

6. 提高理财能力

一些没有理财经验的学生，到了国外就开始挥霍，不仅养成浪费的习惯，还会沾染坏毛病，结交不良朋友。一个人要想成功，会理财是必须具备的能力，也是诚信的开始。

心灵作业

高中生职业生涯规划书

一份好的职业生涯规划书涉及的内容很多，例如，你对自己的充分认知，有海量的职业储备，职业所需大学专业的把握以及大学需要学什么专业，该专业的课程如何，等等。如果你在高一就能做一份周密的职业生涯规划书，你就真的做到领跑同龄人了。

一、写下你所钟情的职业

请你先写下自己最理想的十个职业。注意：要弄清楚，这里所说的是职业，而不是职位。比如，工艺工程师是职业，而总工程师则是职务。

请你通过各种信息获取的途径，比如上网、查看书籍等，搜集这个职业的工作状态：

1.是朝九晚五，还是自由职业？

2.是与“物”打交道（比如科研人员、会计、机械师等），还是与“人”打交道的？

3.是经常出差还是能够过常规的家庭生活？

4.是得到丰厚的物质奖励还是享受丰富的精神世界？

5.其他。

二、这个职业与你的职业价值观是否匹配？

将你所喜欢的职业发展方向和你的职业价值观进行比对。有的大学生为考公务员而殚精竭虑，当我问他为什么选择公务员时，他说公务员的工作比较轻松，喝喝茶、看看报，就能赚大钱，让自己过上富足的生活……我马上纠正了他的错误看法。公务员目前是压力最大的几个职业之一，随着社会的转型，公务员的工作并非如想象中的轻松。

我举这个例子的目的是请同学们注意，当你确认自己渴望从事哪个职业的时候，一定要更多地了解这个职业的工作状态。

三、这个职业与你的九型人格、气质类型和职业兴趣是否符合？

在职业选择上没有最好，只有最适合。择业一定要顺应自己的九型人格、气质类型和职业兴趣。假设一个喜欢安静的人从事需要迎来送往的工作，是不是很痛苦？一个好说、好动的人，却误入一个安静环境工作，是不是太难受了？

四、这个职业目前在国内的就业形势如何？

看清这个职业未来在国内的发展前景。在职业选择上，一定避免误选夕阳行业。职业生涯的关键是要会选择，如果选对了，上了“大船”，实现职业理想，收获成就；如果选错了，你就会陷入付出的比别人多，收获的比别人少的尴尬境地。

五、这个职业在发达国家的就业形势如何？

发达国家的就业形势在一定程度上对我们具有参考意义和借鉴价值。选择职业前一定要看看这个职业在发达国家的就业形势如何。

六、这个职业需要大学什么专业？

职业和专业不是一一对应，同一个大学专业可以选择不同几种职业。同样，一个职业也可以由不同专业的毕业生来从事。但如果专业和职业根本不在同一领域里，则无法实现自己的职业理想。要充分了解哪些专业可以支持你从事自己心仪的职业。

七、这个专业的大学排名如何？

名牌大学里有弱势专业，普通大学里有排名靠前的专业。对专业水平的考察除了参照学校的品牌之外，还要注意该专业的大学排名。比如建筑专业全国前四位是清华大学、同济大学、天津大学、东南大学。这四所大学的录取分数却差距很大。比如东南大学，在江南地区号称“小清华”，录取分数比较高；而北方城市对这所大学的认知度不高，录取分数也不高。如果进入这所大学，最好在江南找工作，如果坚决回到北方就业就要慎重了。

八、这个专业在大学阶段需要学什么课程？

确认选择某个专业之前，还要进入大学的教务系统中查查这个专业四年的课程表，看看有没有你高中时代的弱势学科。

大学时期是一个人综合素质提升的阶段，除了完成课业之外，还要进入企业实习，接触社会，如果学业占用了全部精力，就无法全身心地投入到实习当中，对未来求职构成比较大的损失。

选择职业生涯规划师要有一双慧眼

完成了职业生涯规划书之后，最好与职业生涯规划师进行面对面的交流。如何选择职业生涯规划师呢？

1.能够提供完整的测试。

2.具有企业管理者或企业顾问的工作经历，充分了解企业的结构和职场规则。

3.与社会亲密接触，能够在一定程度上对社会发展趋势具有前瞻性的预测。

4.能够与来访者建立相互信任的关系，在了解来访者心理品质、沟通特点等基础上，结合测试报告上的数据给予科学的建议。

心理测试

职业价值观测试

职业价值观是一个人对职业的认识和态度，以及他对职业目标的追求和向往。理想、信念、世界观对于职业的影响，集中体现在职业价值观上。测一测自己的职业价值观吧。

下面有52道题，代表13种职业价值观，每题有5个备选答案，请根据自己的实际情况或想法选一个答案：非常重要记5分；比较重要记4分；一般记3分；不太重要记2分；很不重要记1分。

题号	内容	非常重要	比较重要	一般	不太重要	很不重要
1	你的工作必须经常解决新的问题					
2	你的工作能带来看得见的社会福利效果					
3	你的工作奖金很高					

续表

题号	内容	非常重要	比较重要	一般	不太重要	很不重要
4	你的工作内容经常变换					
5	你能在你的工作范围内发挥自如					
6	你的工作能使你的朋友非常羡慕你					
7	你的工作带有艺术性					
8	你的工作使你感觉到你是团队中的一分子					
9	不论你怎么干，你总能和大多数人一样晋级和加薪					
10	你的工作使你有可能经常变换工作地点、工作场所或工作方式					
11	在工作中你能接触到形形色色的人					
12	你的工作上下班时间比较随便、自由					
13	你的工作使你有不断取得成功的感觉					
14	你的工作赋予你高于别人的权力					
15	在工作中，你能试行一些你的新想法					
16	在工作中，你不会因为身体或能力等因素被别人瞧不起					
17	你能从工作的成果中知道自己做得不错					
18	你的工作经常要外出，参加各种集会或活动					
19	只要你干上这份工作，就不会再调到其他意想不到的单位或工种上去					
20	你的工作能使世界更美丽					
21	在你的工作中不会有人常来打扰你					
22	只要努力，你的工资会高于其他同龄人，或升级、加薪的可能性比其他工作大得多					
23	你的工作是一项绝对智力的挑战					
24	你的工作要求你把一切事情安排得井井有条					
25	你的工作单位有舒适的休息室、更衣室、浴室及其他设备					
26	你的工作有可能结识各行各业的知名人物					

续表

题号	内容	非常重要	比较重要	一般	不太重要	很不重要
27	在你的工作中，能和同事建立良好的关系					
28	在别人眼中，你的工作是很重要的					
29	在工作中，你经常接触到新鲜事物					
30	你的工作使你常常能帮助别人					
31	你在工作单位中有可能经常变换工种					
32	你的工作作风使你被别人尊重					
33	你的同事和领导人品较好，相处比较随便					
34	你的工作会使很多人认识你					
35	你的工作环境很好，比如有适度的灯光、舒适的座椅、舒适的环境、宽敞的工作间，甚至恒温、恒湿等优越的办公条件					
36	在工作中，你为他人服务，使他人感到很满意，你自己也就很高兴					
37	你的工作需要组织和计划别人的工作					
38	你的工作需要敏锐的思考					
39	你的工作可以使你获得较多的额外收入，比如，常发放实物，常购买打折的食品，常发紧俏商品的购货券，有机会购买进口货等					
40	在工作中，你是不受别人差遣的					
41	你的工作结果是一种艺术品，而不是一般的产品					
42	在工作中，你不必担心会因为所做的事情领导不满意而受到训斥或经济惩罚					
43	在工作中，你和领导关系融洽					
44	你可以看见你努力工作的结果					
45	在工作中常常要提出许多新的想法					
46	由于你工作的付出，经常有许多人来感谢你					

续表

题号	内容	非常重要	比较重要	一般	不太重要	很不重要
47	你的工作成果常常能得到上级、同事或社会的肯定					
48	在工作中，你可能做一个负责人，虽然可能只领导很少的几个人，你信奉“宁做兵头，不做将尾”的俗语					
49	你从事的工作经常出现在报刊、电视上，因而在人们心中很有地位					
50	你的工作有数量可观的夜班费、加班费、保健费或营养费等					
51	你的工作体力上比较轻松，精神上也不紧张					
52	你的工作需要和电影、电视、戏剧、音乐、美术、文学等艺术打交道					

测试分析

1.利他主义：工作目的和价值在于直接为大众获取幸福和利益尽一份力。

题号：2、30、36、46

汇总得分：

2.美感：工作的目的和价值在于能不断地追求美的东西，得到美的享受。

题号：7、20、41、52

汇总得分：

3.智力刺激：工作的目的和价值在于不断进行智力操作，动脑思考问题，学习以及探索新事物，解决新问题。

题号：1、23、38、45

汇总得分：

4.成就感：工作的目的和价值在于不断创新，不断取得成就，不断得到领导与同事的赞扬或不断实现自己的目标。

题号：13、17、44、47

汇总得分：

5.独立性：工作的目的和价值在于能充分发挥自己的独立性和主动性，按自己的方式、步调、想法去做，不受他人的干扰。

题号：5、15、21、40

汇总得分：

6.社会地位：工作的目的和价值在于所从事的工作在人们心目中有较高的社会地位，从而使自己得到他人的重视与尊重。

题号：6、28、32、49

汇总得分：

7.管理：工作的目的和价值在于获得对他人或某事物的管理支配权，能指挥或调遣一定范围内的人或事。

题号：14、24、37、48

汇总得分：

8.经济报酬：工作的目的和价值在于获得优厚的报酬，使自己有足够的财力去获得自己想要的东西，使生活过得较为富足。

题号：3、22、39、50

汇总得分：

9.社会交际：工作的目的和价值在于能和各种人交往，建立比较广泛的社会关系，甚至能和知名人物结识。

题号：11、18、26、34

汇总得分：

10.安全感：不管自己能力怎样，希望工作比较稳定，不会因为奖金、加薪、调动工作等经常提心吊胆、心烦意乱。

题号：9、16、19、42

汇总得分：

11.舒适：希望工作的形式比较轻松，追求比较舒适、自由、优越的工作环境。

题号：12、25、35、51

汇总得分：

12.人际关系：希望一起工作的大多数同事和领导人品较好，相处的时候感到愉快、自然，认为这就是很有价值的事，是一种极大的满足。

题号：8、27、33、43

汇总得分：

13.变异性：希望工作的内容经常变换，使工作和生活显得丰富多彩、不单调、不枯燥。

题号：4、10、29、31

汇总得分：

你的职业价值观得分排名前三，在未来择业时可以作为参考依据。

后　记

让灵魂跟上前进的脚步

尼采说："我们走得太快，是该停下来等等自己的灵魂了。"2020年突发的疫情让我们的生活按下了暂停键，作为普通人，宅在家中不乱走动就是为抗击疫情做贡献了。

停下来，让我们的灵魂跟上前进的脚步。

近两年，我的工作排得特别满。我从2004年就担任民盟天津市委委员和天津市和平区政协委员，尽管履职时间长，但我没有懈怠。带着责任和使命，我经常走访社区居民，为提升他们的幸福感和获得感而奔走。2019年69场大型的讲座，针对不同的受众群体，将幸福心理传播给大家。越来越多的来访者对我高度信赖，帮助一个人就是造福一个家庭，我怎能忍心拒绝？日常的忙碌导致我拖延了本书的交稿时间，心中对出版社充满愧疚。

我的微信公众号是"丽珊幸福心理"，喜马拉雅上的音频专栏是"张丽珊幸福心理"，只有幸福的人才能向周围人传递幸福，许多朋友说我把生活过成了幸福的样子。

我的幸福感来自于我的朋友遍布世界各地，我们的友情不会因为各自的社会地位、空间距离而受影响，几十年从未改变。共同的价值观和善良慈悲是友情的保鲜剂，无论相隔多久，见面就可以倾心畅谈；无论天涯海角，发自内心遥祝对方平安幸福。

我的幸福感来自于不断地学习。曾经内向、自卑、离群的我博览群书，持续学习，虚心请教。我给自己制订了人生目标，为了实现目标，我拒绝盲从，让每一个小目标都和大目标同心同向！我的人生之路笔直而宽敞！

我的幸福感来自于每天的小确幸。学校食堂的午饭味道好，一口不剩全部吃下，我觉得自己很幸福；课堂上，学生们认真听讲并给予我会心的微笑，我觉得自己很幸福；同事们真心夸赞我服饰搭配好看，我觉得自己很幸福；每个假期都能一家三口去旅行，我觉得自己很幸福。幸福就在我们身边，把所有的小幸福加在一起就是幸福人生。

亲爱的读者朋友，请静下心来，盘点一下自己所拥有的小幸福吧。幸福是一种感觉，也是一种能力，更是一种智慧！

最后，感谢身为上市公司CEO的Angel在百忙之中给本书写序；感谢中国妇女出版社为本书和《青春期不迷茫——写给男孩女孩的心灵成长书（升级版）》的出版付出了爱心和智慧！

张丽珊

2020年3月3日于家中